Guerra de razas

Rafael Conte
José M. Capmany
# Guerra de razas
## Negros contra blancos en Cuba

Estudio crítico de Julio César Guanche

COLECCIÓN
MAL DE
ARCHIVO

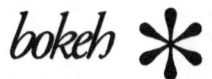

COLECCIÓN
**MAL DE ARCHIVO**

© Bokeh, 2019
Leiden, Nederland
www.bokehpress.com

ISBN 978-94-93156-16-6

Todos los derechos reservados. Cualquier forma de reproducción, distribución, comunicación pública o transformación de esta obra sólo puede ser realizada con la autorización de sus titulares, salvo excepción prevista por la ley.

Julio César Guanche
Prólogo . . . . . . . . . . . . . . . . . . . . . . . . . . 7

Guerra de razas
Negros contra blancos en Cuba
Dos palabras . . . . . . . . . . . . . . . . . . . . . . . 33
i. Lucha de razas . . . . . . . . . . . . . . . . . . . . 35
ii. Una leyenda desvanecida . . . . . . . . . . . . . . 37
iii. A cada cual lo suyo . . . . . . . . . . . . . . . . . 41
iv. Un viaje terrible . . . . . . . . . . . . . . . . . . . 45
v. Hands across the sea . . . . . . . . . . . . . . . . . 51
vi. Un accidente . . . . . . . . . . . . . . . . . . . . 55
vii. El fuego de Boquerón por fuerzas
del comandante Castillo . . . . . . . . . . . . . . . . . 59

VIII. Imprevisión . . . . . . . . . . . . . . . . . . . . . . . .63
IX. El imperio de la convulsión. . . . . . . . . . . . . . . .69
X. El combate de Yarayabo. . . . . . . . . . . . . . . . . . .75
XI. A través de la zona infestada . . . . . . . . . . . . . . .81
XII. Cómo se presentó Lacoste. . . . . . . . . . . . . . . . .85
XIII. La odisea de un gallego. . . . . . . . . . . . . . . . . .89
XIV. La noche trágica de La Maya . . . . . . . . . . . . . .93
XV. Nuestros bravos soldaditos . . . . . . . . . . . . . . . .99
XVI. Honor a quien honor se debe . . . . . . . . . . . . . 103
XVII. El padrón de honor. . . . . . . . . . . . . . . . . . . 109
XVIII. Juicio del alzamiento . . . . . . . . . . . . . . . . . 113
XIX. La captura de Surín . . . . . . . . . . . . . . . . . . . 117
XX. Suspensión de las garantías constitucionales . . . . . . . 121
XXI. Literatura afro-independiente. . . . . . . . . . . . . . 123
XXII. Algunas observaciones . . . . . . . . . . . . . . . . . 127
XXIII. El fuego de Palma Mocha por fuerzas
del capitán Perdomo. . . . . . . . . . . . . . . . . . . . . 131
Epílogo
Al pueblo de Cuba. . . . . . . . . . . . . . . . . . . . . . 137
El banquete monstruo . . . . . . . . . . . . . . . . . . . . 141

# Prólogo

## El viaje de la civilización a la barbarie

«–¿Ves ese hombre gordo?, dice un marido a su mujer: tiene que ir a La Maya. –¡Ay, el pobre!, exclama con tono doliente la señora» (47)[1]. La frase se encuentra en este libro y podría ser su epítome. Refiere a un viaje en tren desde La Habana hacia el oriente cubano, pero es metáfora del tránsito que los autores del libro, junto al discurso oficial dominante en la hora, imaginan como el descenso desde la civilización hacia la barbarie.

Los pasajeros que llegaban hasta San Luis, el Cristo o Santiago de Cuba eran «los amos del tren». No iban todos, necesariamente, a combatir la rebelión asociada al Partido Independiente de Color, detonada por la protesta armada iniciada el 20 de mayo de 1912. Sin embargo, viajaban de hecho hasta el corazón de la «Nigricia» de Cuba. Sus autores, Rafael Conte y José M. Capmany (C&C) –«dos notables racistas cubanos» (Rodríguez 2010: 128)– citarán como autoridad del conocimiento en África, asociándolo a los rebeldes cubanos negros, un famoso libro de exploración a ese continente. Ellos hacen su propio viaje.

Ya en el terreno, Conte hará otro viaje, pero esta vez a bordo de un buque militar. El Mayor General José de Jesús Monteagudo, jefe del Ejército, lo autorizó a viajar en el Guardacostas Baire, acompañado de un fotógrafo, para reportar la protesta.

De esos reportes nacería este libro.

---

[1] Todas las referencias a *Guerra de razas* se indican con la página entre paréntesis.

La barbarie: una rescritura de la independencia

En el libro, sus autores no muestran hesitación por ver armas en manos de los pasajeros del tren, evidentemente blancos. En el fondo de la escena, se encontraba la política oficial que envió a un modernizado ejército, con armas y cruceros navales modernos, más otro ejército de milicianos y guerrilleros –civiles armados y pagados por el Gobierno – a sofocar una revuelta que, como no se cansan C&C de reconocer–aunque de modo indirecto– nunca ofreció una ofensiva mínimamente proporcional a ese despliegue.

Ante la rebelión, el presidente José Miguel Gómez había convocado a defender «la civilización»: «No puede en manera alguna permitirse que en pleno siglo XX, en un país tan culto como el nuestro, una sociedad como la nuestra, que tiene títulos sobrados para ser respetada y respetable, consienta que turben un momento más su paz moral y material esas manifestaciones de feroz salvajismo, que realizan los que se han colocado, especialmente en la Provincia Oriental, fuera del radio de la civilización humana» (137)[2].

C&C registran cómo, en los campamentos rebeldes, al caer la tarde, los rebeldes «se entregan al baile africano conocido por el "maní", y entregados a esa salvaje expresión, llena de movimientos lúbricos, están hasta muy entrada la noche». Por esos días, la prensa informaba que Estenoz «se curaba con brujos»[3].

---

[2] La «Proclama al pueblo de Cuba», recogida por C&C en este libro, apareció originalmente en el *Diario de La Marina*, el 7 de junio de 1912.

[3] Según esa nota, le habían sugerido esta receta: «Tres retoños col blanca, tres macutos col morada, tres hojas de maíz morado. Hiérvase todo reunido y échesele una cucharada de aceite de higuereta, cinco granos de maíz quemado por espacio de nuevo días y nueve mañanas lo tendrá al sereno y tomará una cucharada». En *La Discusión*, 20 de junio de 1912.

La «brujería» era una práctica ilegal en la fecha[4]. De acuerdo con ello, por ejemplo, el 14 de junio de ese año la policía ocupó a Francisca Fresneda, natural de África, de 75 años, «siete jícaras con frijoles y nueve clavos, 14 tinajas, 13 cazuelas conteniendo harina de maíz y ñame, una palangana con dos güiros, con cuentas, dos machetes de madera, dos collares, un cesto de caracoles, un cuerno y otros objetos más». También a Bibián Pinillo Pedroso (71 años) le fueron ocupados 20 tambores africanos «algunos de los cuales según dijo su dueño tienen 150 años de existencia»[5].

En las primeras décadas del siglo XX cubano, el racismo científico –en la criminología de Israel Castellanos y en la obra del «primer» Fernando Ortiz– identificó al *brujo* como una reminiscencia «africana». Para Castellanos, los «brujos» estaban en ese momento «en el mismo estado antropológico que cuando fueron introducidos» a Cuba desde África.

El argumento trataba al «negro brujo» como sinónimo de barbarie.

Ciertamente, Castellanos diferenciaría entre brujos, ñáñigos y delincuentes. El brujo era un antisocial porque «fanatiza y embrutece, porque es un parásito, un oscurantista; pero no un delincuente habitual». Su «misoneísmo» había «rechazado todas las influencias culturales y emancipadoras de un ambiente superior de civilización». Por eso «era que los negros perfeccionados en nuestro ambiente pueden descender, porque se han elevado

---

[4] El artículo 614 del Código Penal establecía: «Serán castigados con la pena de arresto mayor, si el hecho no estuviere penado en el libro segundo del mismo, es decir, como defraudadores especialmente por el artículo 565, los que por interés o lucro interpretan sueños, hicieran pronósticos o adivinaciones o abusaren de la credulidad pública, o de otra manera semejante». Véase Roche y Monteagudo 1908: 89.

[5] En *El Triunfo*, 14 de junio de 1912.

algunos grados sobre la inferioridad y degradación de su raza
[...]» (Castellanos 1914: 334).

Pero la condena a la «brujería» cumplía un propósito más allá de ella misma: era un poderoso dispositivo de inferiorización del negro, parte de la maquinaria de borrado del papel desempeñado por los negros cubanos en las guerras de independencia. En ello, era una etiqueta que alcanzaba, con mucho, más allá de los «brujos».

En la prosa policial los términos «brujo», «ñáñigo» y «delincuente» eran intercambiables. Cuando el «mestizo» Eugenio Alfaro Franchi fue arrestado en 1910 por sospechas de pretender alterar el orden público, la prensa fue informada que estaba «tildado de ñáñigo» y que portaba un cuchillo. Eduvigis González de León, «de la raza negra», fue detenido por las mismas sospechas. Portaba un revólver Smith, y también era «ñáñigo»[6].

En 1908, con motivo de las elecciones, un grupo de generales negros orientales había sido «exhibido» en La Habana, con pomposos uniformes, como muestra de una sociedad ejemplarmente integrada. Para *Previsión*, el órgano principal del PIC, los «blancos criollos» querían demostrar «que casi no hay diferencia intelectual entre los negros orientales y los que habitan en el África oriental»[7].

En el libro de C&C se desliza una «nota cómica, al par que repugnante». Haciendo su descripción del saqueo de La Maya, los autores cuentan que mujeres negras, cercanas a los alzados, «penetraban en los establecimientos y casas particulares, y haciendo caso omiso de otro botín más valioso, se apoderaban con avidez de los frascos de perfume, que destapaban de cualquier modo, y vertían el contenido de los mismos sobre sus

---

[6] En *El Mundo*, 9 de febrero de 1910.
[7] «Los generales orientales», en *Previsión*, 15 de septiembre de 1908.

cuerpos sudorosos y jadeantes». Lo hacían con «un refinamiento de coquetería verdaderamente salvaje» (98).

Hay una foto de familia en esos discursos. Enrique Mustelier publicó *La extinción del negro* en 1912. Es un libro cercano al de C&C[8]. Asimismo, Conte prologaría, con encomio, el libro de Rafael Roche, el más célebre perseguidor de ñáñigos en la fecha[9]. C&C aseguran que «tratándose como se trata de caucásicos y etiópicos, la mezcla es imposible, puesto que ni aun por medio del cruzamiento continuado y científico, puede lograrse la desaparición total de una de las dos razas en provecho de la otra» (36). Su discurso, dicho sea entre paréntesis, anticipaba el núcleo de lo que sería la concepción fascista sobre la raza[10].

Fueron ideas como esas —elaboradas por la criminología y la antropología hasta llegar a la policía, pasando por el periodismo—, las que generalizó el presidente Gómez en su *Proclama* para justificar la masacre —C&C anotan que ese documento fue profusamente leído en los campamentos del Ejército—. Ahora la acusación de salvajes se dirigía hacia todos los negros insurgentes. La mayor parte de la prensa los representó, literalmente,

---

[8] El autor sostenía que «Un concepto egoísta y groseramente utilitario de la vida, un irreflexivo oportunismo, licencia desenfrenada en las costumbres, imprevisión peligrosa en los hábitos, brutal e indomable egotismo, tales son las cualidades que se advierte en el tipo cubano y que no son, en manera alguna, heredadas del progenitor íbero, sino habidas por contagio o transmisión del elemento negro» (1912: 23).

[9] Roche afirmaba, por ejemplo: «Tenemos la profunda convicción de que el brujo, tras su supina ignorancia, es un hipócrita farsante que explota la credulidad agena, en provecho propio, con pleno conocimiento de sus actos innobles y criminales, no deteniéndose en los medios, por delictuosos que sean, para llevar á cabo su obra» (1908: 86). Para Conte, Roche era «el mejor de nuestros agentes».

[10] Para esa comprensión, las razas eran entidades radicalmente separadas entre sí. Tenían origen en troncos diferentes, con nada en común: «no todo lo que tiene rostro humano es un hombre». Véase Chapoutot 2018.

como simios. Si se trataba de mulatos, había otras marcas peyorativas a mano: C&C llaman a Surín «afeminado», lo que unido al «odio feroz que siempre ha sentido por la raza blanca, le hace repulsivo y odioso desde el primer momento» (118). Cuando C&C reproducen documentos ocupados a líderes del PIC, titulan el apartado «Literatura Afroindependiente». Mientras más cerca de África, sugerían, más cierta la barbarie.

La «cobardía» de los rebeldes negros en 1912 fue otro dispositivo de esa maquinaria puesta en función de borrar el papel desempeñado por los negros cubanos en las guerras de independencia. Es muy explícita en el libro de C&C, que también asocian con la barbarie: «Recordábamos el comportamiento heroico, la acometividad, la audacia y el valor casi salvaje que habían desplegado los hombres de piel obscura en nuestras guerras emancipadoras, y llegamos en nuestra exaltación tropical á creer que eran ellos los únicos cubanos capaces de soportar sin abatirse las crudezas de una campaña militar bajo los abrasadores rayos del sol de los trópicos. El movimiento estenocista ha servido para destruir esta épica leyenda» (37).

La idea revisaba la historia mambisa. Existieron tensiones raciales al interior del Ejército Libertador, pero el giro consistía en subordinar la valentía del negro a la dirección de sus jefes blancos. La protección de la República oligárquica –con base en una estructura política y social asentada sobre el latifundio y el caciquismo– necesitaba esa destitución del estatus adquirido por el negro, como mambí, en la coproducción de la patria[11].

---

[11] Según Ada Ferrer: «Los historiadores estiman que los hombres de color constituían por lo menos 60% de ese ejército. Pero no se trataba de un ejército en el cual masas de soldados negros combatían bajo el mando de un número mucho menor de oficiales blancos, pues muchos soldados negros y mulatos fueron ascendiendo de jerarquía hasta llegar a puestos de capitanes, coroneles y generales y ejercer autoridad sobre hombres identificados como

## El negro: la abolición de identidades sociales

En la fecha, las propias etiquetas raciales tenían un uso problemático. Las diferencias entre negros y mulatos eran profundas. El periodista Varela Zequeira, reportando la rebelión de 1912 para *El Mundo*, vaticinaba que «si Ivonnet y Estenoz triunfasen seguramente extenderíase la división y la subdivisión social a la política y la pelea sería entonces entre negros puros y mestizos...»[12].

La frase «hombres de color», o «raza de color», de amplio uso desde el XIX, fue puesta en cursivas más de una vez por *Previsión*. El acto, acaso, reflejaba algún tipo de inconformidad. Podía dar a entender que no contaban con otra palabra. La corriente moderada en pro de derechos para los no blancos, continuó usando la expresión «de color» como etiqueta distintiva. Para referirse específicamente a negros, Juan Gualberto Gómez podía usar la expresión «cubanos negros».

Para las elecciones de 1908, el PIC acordó que sus candidatos no ostentarían otro título que el de «ciudadano». La declaración traería cola. En una lista de afiliados «a la revolución», propiedad de Estenoz y ocupada por el Ejército en 1912, este había anotado las generales de cada uno, haciendo constar su color: «negro, pardo o blanco». Varela Zequeira aprovechó el hecho para mostrar una supuesta incoherencia en el discurso de Estenoz, quien había batallado «por conseguir que en la

---

blancos. A finales del período de 30 años, un historiador estima que alrededor de un 40% de los oficiales eran hombres de color» (2011: 5). El PIC pretendió varias contranarrativas frente a esa acusación. Varios años antes de la protesta de 1912, existía ya una muy elaborada en *Previsión*. Fue creada por Julián V. Serra a través del personaje «José Rosario», que inculpaba precisamente al recién creado Liborio de ser el cobarde. Véase Serra 1909.
[12] En *El Mundo*, 12 de mayo de 1912.

prensa, en la policía y en todas las estadísticas no se anote el color del ciudadano». Sin embargo, el periodista añadía un detalle interesante: Estenoz habría «comprendido que donde hay muchos del mismo nombre y apellido, el color es precisamente el dato más importante para la identificación»[13]. El apunte de Varela no niega a Estenoz (mostrar la diversidad de los miembros del PIC era una antigua estrategia ante la acusación de ser un «partido de razas»), pero confirma la base humilde de esa agrupación –«muchos del mismo nombre y apellido»–. También confirmaba cómo en el discurso del presidente Gómez terminaban unificados en tanto «negros» quienes apoyaban la protesta siendo negros, pardos, blancos, etcétera.

En 1910, la prensa todavía trataba de «ciudadanos» a los negros cubanos presuntamente complotados entonces[14]. Según C&C «Aunque parezca una paradoja, también (había) blancos "Independientes de Color"» en 1912 y «Estos resultan aún más criminales que los negros, puesto que su intervención en este asunto es puramente viciosa [...]». En cambio, cuando C&C mencionan a no blancos del Ejército, les llaman «pertenecientes a la raza de color» (74, 76).

El campo de «civilización contra barbarie» planteaba una tensión para el PIC. Ante la sociedad nacional, debía adherir al discurso de la civilización y mostrar que la «raza de color» era capaz de conquistar las «cimas» de la cultura, al tiempo que identificaban en el tipo de progreso cubano (grancapitalista, oligárquico y racista) la causa de su exclusión social y política. La única salida «legítima» disponible era el asimilacionismo. Sin embargo, por este camino regresaba el argumento de la supremacía civilizacional blanca y se sobredeterminaba una

---

[13] «La revolución en Oriente». En *El Mundo*, 21 de mayo de 1912.
[14] «Política judicial y cábala política». En *El Mundo*, 7 de mayo de 1910.

identidad, la racial, sobre las múltiples identidades que los sectores negros y mulatos habían conquistado en la fecha –como miembros de sociedades de color, profesionales, políticos– todas las cuales se reducían ahora a la categoría genérica de «negro» (véase Bronfman 2001).

El «rumor de Haití»

El espejo más cercano en Cuba del horror de África era Haití. Ada Ferrer lo ha documentado brillantemente como «el rumor de Haití en Cuba»[15]. C&C descreen de los rumores que aseguraban que Evaristo Estenoz, Ivonet, Lacoste, Surín y el resto de los líderes del PIC buscaban «el establecimiento de una república negra, calcada sobre los moldes de Haití». No obstante, buena parte de la opinión publicada hizo esa asociación. *El Mundo* decía en 1912: «No han querido comprender sus promotores que antes que la república está la civilización, y que antes que la libertad está el instinto de la propia conservación. Entre Haití –un infierno– y el Canadá –un Cielo– no hay duda en la elección»[16].

El ex-canciller del consulado cubano en Haití, Miguel García (negro) y su hijo, fueron acusados por hacer allí propaganda para reclutar hombres, adquirir armas y dinero para auxiliar el levantamiento[17]. De algo similar fue acusado el cónsul francés en Santiago de Cuba. Según ese patrón, la convulsión quería «africanizar, haitianizar a Cuba». Los independientes de color

---

[15] Ferrer, Ada & García Rodríguez, Gloria & González-Ripoll Navarro, María Dolores & Naranjo Orovio, Consuelo & Opatrný, Josef (eds.) (2014). Véase también Ferrer 2014.
[16] «La convulsión racista». En *El Mundo*, 21 de mayo de 1912.
[17] *Diario de La Marina*, 8 de junio de 1912. De hecho, se propuso sustituirlo por un blanco.

habrían «colocado el salvajismo africano de los rebeldes contra la civilización y la dignidad del pueblo cubano»[18]. Diferentes diarios se hicieron eco de «noticias que con mucha insistencia» corrían sobre el desembarco de una expedición de negros haitianos por la costa de Santiago de Cuba, y que ya se habrían incorporado a las filas de los rebeldes. Otra «noticia» aseguraba que en Haití funcionaba el Comité Central Revolucionario de los Independientes. Nada de ello fue nunca comprobado, pero se repetía sin cesar. Al año siguiente de la rebelión, para justificar la prohibición de la inmigración negra, y favorecer la blanca, Carlos Velasco aseguraba que el negro cubano era «inteligente y de costumbres morigeradas por lo común». Por ello, no debía mezclarse con los negros de Estados Unidos, Jamaica y Haití, pues estos «no son, salvo excepciones, tan susceptibles de modificar su ruda naturaleza» (1913: 74-75).

En el XIX, el «miedo al negro» fue duradero y consistente entre la sacarocracia, pero no tan inhabilitante como para impedir la importación de enormes contingentes de esclavizados a Cuba. En otra escala, sucedió algo parecido tras la rebelión de 1912. Un año después, el Gobierno de Gómez concedió licencia a la Nipe Bay Company para importar 3000 trabajadores antillanos. La zona de Nipe conservaba memoria reciente de la rebelión[19]. Pero las necesidades capitalistas resultaban una pulsión mayor que el miedo. Críticos de la medida inmigratoria recordaron que de «Jamaica y Haití procedió una parte no

---

[18] En *Diario de La Marina*, 07 de junio de 1912.

[19] Apunta Helg sobre esa zona: «En regiones donde hubo poca presencia de independientes como Holguín y la bahía de Nipe, también se llevaron a cabo masacres y ejecuciones sumarias y los cuerpos de los negros dejados colgando de los árboles, o dejados tirados a la orilla de los caminos, sin que se hiciese ningún esfuerzo para enterrarlos o para exigir responsabilidad por las ejecuciones» (2000: 306).

despreciable del contingente que siguió a Estenoz e Ivonet en la rebelión racista» (Velasco 1913: 75).

En contraste, negros y mestizos cubanos tenían una imagen distinta de los «jacobinos negros» haitianos, como también de los jacobinos franceses.

Antes de los sucesos de 1912, el PIC había considerado el año 1910 como su Rubicón. Se esforzaron en una gran campaña política a nivel nacional, que resonó con particular éxito en Oriente. Curiosamente, asociaron la importancia de ese año, para el PIC, con lo que fue 1793 para la Revolución francesa, el año de mayor radicalidad de ese proceso: «El 93 ha sido y es una fecha inmortalizada tanto para el pueblo francés como para la humanidad en general y quién puede dudar que para nosotros el 1910 nos resulte a la postre lo mismo»[20].

No había que ser un rebelde radical para admirar aquella gesta. Martín Morúa Delgado, que había militado durante varios años en el Partido Autonomista en la década de 1890, había traducido una biografía de Toussaint de L'Ouverture y escrito páginas elogiosas sobre él: «fué universalmente reconocido en el Libertador de Haití, el carácter más perfecto que ha producido la civilización cristiana desde su excelso creador; siendo más enaltecedora su gloria porque, al contrario de las glorias todas que la fama ha consagrado, la de Toussaint L'Ouverture ha sido proclamada por sus propios enemigos, por lo más apasionados detractores de su raza» (1903: 317).

No sin ironía, Morúa Delgado terminaría siendo el autor de la Enmienda que detonó los sucesos de 1912, denunciados por pretender «haitianizar» a Cuba.

---

[20] «1793-1910». En *Previsión*, 28 de febrero de 1910.

## La Enmienda Morúa

Para C&C la finalidad que perseguía Estenoz y su movimiento era «obtener la derogación de la llamada «Ley Morúa» (41). Enfoques académicos recientes han concentrado el estudio del PIC en temas como el campo electoral, el antirracismo o su pretendido anexionismo. Con ello se ha prestado menos atención de la deseable al texto en sí de la propia Enmienda Morúa (EM) y al campo referencial en el que operaba.

La interpretación más socorrida sobre su contenido la remite a una cuestión de política electoral: el electorado negro y mulato, que diversos autores calculan entre 30% y 43% del total, podría votar por él, por lo que los partidos liberal y conservador –oligarquizados y en medio de severas crisis internas– se verían privados de esos votantes y de las redes clientelares establecidas con ese sector. La EM –modificativa del artículo 17 de la Ley Electoral de 1908– habría procurado evitar la sangría de electores y la consolidación de una fuerza política, con bases políticas propias, que disputara la hegemonía de la conducción nacional. Es una interpretación que se encuentra entre contemporáneos críticos del gobierno de Gómez, y que comparten C&C. El propio PIC se mostraba seguro de su capacidad de influir decisivamente en las elecciones, dados sus 73 mil afiliados en 1910 (véase *Previsión*, 20 de marzo de 1910).

El análisis del texto original de la Enmienda presentada por Morúa permite valorar con mayor profundidad sus intenciones. La propuesta decía lo siguiente:

> (1) «Por cuanto: La Constitución establece como forma de gobierno la republicana; inviste de la condición de cubanos a los africanos que fueron esclavos en Cuba, y no reconoce ni fueros ni privilegios personales;

(2) «Por cuanto: la forma republicana establecida por la Constitución instituye al gobierno del pueblo para el pueblo, sin distinción por motivos de raza, nacimiento, riqueza o título profesional;
(3) «Por cuanto: los partidos políticos tienen la indeclinable tendencia a constituir por sus propios miembros el gobierno que desarrolle en el país sus doctrinas políticas y administrativas;
[...]
(5) «No se considerará, en ningún caso, como partido político o grupo independiente, ninguna agrupación constituida exclusivamente por individuos de una sola raza o color, ni por individuos de una clase con motivo de nacimiento, la riqueza o el título profesional. (Morúa Delgado 1910)

La propuesta fue presentada al Senado el 11 de febrero de 1910. Seis días después, el senador Antonio Gonzalo Pérez presentó una modificación, que aportó el contenido definitivo de lo conocido hasta hoy como la EM: «no se considerarán como partidos políticos o grupos independientes, a los efectos de esta ley, a las agrupaciones constituidas exclusivamente por individuos de una sola raza o color». Morúa estuvo de acuerdo con el cambio, que suprimía como causales de prohibición para crear partidos los motivos de «nacimiento, riqueza o título profesional»[21].

En la época, Antonio Sánchez de Bustamente comprendió la diferencia: «Entre la enmienda del señor Gonzalo Pérez y la de Morúa hay una diferencia tan grande que quizás sería más fácil dar un voto favorable a la de Morúa». Según Pérez, su enmienda se remitía a organizaciones políticas como los partidos, y no a las asociaciones (civiles), que podían integrarse por una sola raza a voluntad de sus miembros. La distinción entre la prohibición del racismo en la esfera pública (partidos) y su mantenimiento

---

[21] Véase Canales Carazo 1910.

en el ámbito de lo privado (asociaciones) era observada como un serio problema por actores antirracistas, que tuvieron en la fecha escaso éxito.

La EM responde a la lógica republicana que Morúa había defendido desde muchos años atrás: la ciudadanía democrática podía alcanzarse sólo a través de la «integración cubana»[22]. Postula que el individuo abstracto, político, es el único universal y excluye los «particularismos» de «raza o color, clase con motivo de nacimiento, riqueza o título profesional». Con ello, se niega a admitir «exclusivismos» dentro de la ciudad política: promete un campo abierto para que todos puedan participar sin considerar sus diferencias.

Es una lógica pluralista que certifica la calidad de la ciudad política al estructurarse por la diversidad y el igualitarismo («no reconoce ni fueros ni privilegios personales» [párrafo 1 de la EM]), pero ancla la producción de lo social a un fundamento individualista, que se repite a sí mismo a imagen y semejanza del tipo de individuo contextualmente dominante en torno a criterios cruzados de clase, cultura, raza, género, edad, etcétera. Como he anotado antes, en el contexto del PIC, el complejo ideológico dominante relegaba al negro como individuo y a lo africano como una de las raíces de la cultura cubana y le ofrecía a cambio el asimilacionismo respecto al tipo de individuo dominante. No por azar, Morúa había sido por décadas uno de los voceros más representativos de dicho «asimilacionismo».

Sin embargo, esa lógica pluralista al no considerar las diferencias, contribuía a reproducirlas. En todo el articulado de la Constitución de 1901 no aparece una sola vez la palabra «raza», menos el término «discriminación», que sólo será recogida más adelante en la Constitución de 1940. La EM se afinca sobre ese

---

[22] Véase Morúa Delgado 1957.

lugar: no cuestiona la explotación política, cultural y económica de las desigualdades realmente existentes. Con ello, el pluralismo en que se inserta la propuesta de Morúa deja intacta la posibilidad de clientelización de los ciudadanos dependientes y contribuye a producir una concepción patrimonial del estado: un instrumento que pertenece a la elite de los más poderosos para organizar la sociedad en su beneficio. Sobre la legitimación de esa desigualdad se aseguraba el «gobierno de unos pocos» sobre el pleno de la sociedad civil. En otras palabras, se justificaba el gobierno oligárquico.

El discurso del PIC tenía un lugar de enunciación diferente al de la ciudadanía abstracta: postulaba una ciudadanía texturizada por las identidades de clase y de raza que fuese capaz de revelar el lugar social subordinado que ocupaban como negros y como dominados, y de plantear un horizonte de transformación de ese lugar en tanto negros y cubanos.

Nacionalismo y «doble conciencia»

Es pausible sugerir que el discurso del PIC operaba desde una noción parecida a la que desde 1903 W. E. B. Dubois había llamado «doble conciencia»[23]. Esta era el resultado de la existencia de una duplicidad coetánea en un mismo ser: «un americano y un negro». Con ello, describía la identidad de una misma persona con «dos almas, dos pensamientos, dos esfuerzos irreconciliables» que se mantenían separados con violencia.

Para el destacado intelectual afroamericano: «La historia del negro americano es la historia de esta contienda −este deseo de obtener la autoconciencia humana− unir este doble ser en un ser mejor y verdadero. En esta unión él no desea que ninguno

---

[23] Véase «Of Our Spiritual Strivings» en Dubois 1903.

de los viejos seres se pierdan. [...] *Él simplemente desea hacer posible para un hombre ser tanto negro como americano*, sin ser maldecido y expulsado por sus compañeros, sin tener las puertas de la oportunidad cerradas reciamente en su cara» (Dubois 1903; mi traducción).

Si bien ha sido tradicional afirmar que el PIC actuaba desde una identidad racial que postergaba, o contradecía, la identidad nacional, en el discurso de esta agrupación son, sin embargo, negros *y* cubanos a la vez. Desde ese punto de vista, podía cuestionar que otros negros que les criticaban se considerasen primero cubanos y luego negros. El argumento combatía a Morúa, pero también releía a otro de los líderes históricos de color, Juan Gualberto Gómez. Para este, la identidad nacional se colocaba por encima de cualquier identidad racial, haciendo imposible la existencia de esa «doble conciencia». Tal sustrato cultural acercaba a Juan Gualberto y a Morúa, y los alejaba del PIC[24].

Pero la idea del PIC no era tan solitaria como a veces se supone. Lino Dou, destacado líder antirracista, colaborador ocasional de *Previsión*, opuesto a la EM y al alzamiento de 1912, propuso en abril de 1910 una contrarréplica radical a la EM: «No tendrá vida legal en Cuba, ningún partido, asociación o integración política, de enseñanza, religiosa, social o de recreo, en que no quepan en igualdad de circunstancias todos los ciudadanos cubanos, cualquiera que sea la raza a que pertenezcan»[25]. Se trataba de politizar el antirracismo como un

---

[24] La rivalidad por las diferencias estratégicas e ideológicas entre Morúa y Juan Gualberto Gómez era de antigua data. Juan Gualberto criticó la Enmienda Morúa y también el alzamiento del PIC. Cuando *Previsión* revelaba las diferencias entre ambos, se posicionaba a favor de Juan Gualberto.

[25] Cámara de Representantes, 14 de abril de 1910. Diario de sesiones del Congreso. Cámara de Representantes, 15.

asunto presente y condenable en toda la sociedad, no reductible al ámbito de los partidos políticos.

Un mes antes de la propuesta de Dou, el PIC había advertido a sus miembros que «no estamos dentro de las condiciones a que se refiere esa ley (Morúa). En primer lugar, en nuestros Comités, están afiliados individuos de todas las razas que pueblan esta isla y sus variedades. Técnicamente, somos la expresión más pura del criollismo». Con similar sentido que Dou, explicaban que «Esa ley (Morúa) que el Senado ha aprobado ya, sólo va dirigida contra los partidos liberal y conservador, que tienen la tendencia racista», pues defendían que la única emigración deseable para Cuba era «blanca y por familia»[26]. Sin embargo, la propuesta de Enmienda de Dou resultó desechada por 50 votos contra uno.

El PIC sostenía un patriotismo cívico, no un nacionalismo racial[27]. Su reivindicación se expresaba desde un nacionalismo rival, alternativo a aquel que defendía la inexistencia de problemas raciales en Cuba. El PIC encontraba que el discurso de la igualdad de razas del republicanismo independentista era un lugar más radical para enunciar su discurso que el de un tipo de nacionalismo que, en el mejor de los casos, como los de

---

[26] En *Previsión*, 5 de marzo de 1910.
[27] Es necesario hacer notar que la diferencia entre nacionalismo étnico o cívico se justifica desde un lugar nada neutral: el nacionalismo del Estado nación. Valorar positivamente el cívico (como universalista y democrático), y colocar en el campo de lo étnico el sectarismo y el privilegio, esconde como un hecho natural la forma en que la cultura dominante acepta sin trabas sólo lo que ella misma promueve: la asimilación a sus códigos. No existen, «en rigor, dos tipos ideales de nación, uno étnico y otro cívico, sino que el tipo ideal, si así lo formulamos, del fenómeno nacionalista se configura en torno, precisamente, a la articulación inextricable de elementos étnico-culturales y cívicos, que en cada caso se concretan además en síntesis político-ideológicas muy diferentes» (Máiz 2005: 11).

Salvador Cisneros Betancourt y Manuel Sanguily, compartían ese ideal pero consideraba ya resuelto el problema negro en el contexto republicano[28].

El problema que enfrentaba el PIC era más complicado que el que encaraba el nacionalismo cubano hegemónico en la fecha. Este último tenía como foco de atención la Enmienda Platt, pero consideraba aproblemática la cuestión del estado nación.

Es lo que hacían, por ejemplo, la Junta Patriótica y Julio César Gandarilla, resultando así parte del problema. Si bien la primera hacía gestiones prácticas para intentar abolir la Enmienda Platt, y ofrecieron espacio de diálogo al PIC, este encontró que varios de sus integrantes trataban «al negro como un ser inferior al blanco»…» y así «ya toda discusión será imposible»[29]. Gandarilla, comprometido con un antimperialismo de «corte liberal» (González Aróstegui 2000: 13-14), hacía explícita su denuncia de cualquier «auxilio ajeno» al tiempo que escribía contra la protesta del PIC: «El pueblo cubano aniquilará solo, al negro traidor que por maldad pretenda hundir el país, el negro que quiera entregarnos por su criminal codicia en los colmillos de Taft, al negro que no confraterniza con el alma cubana, pero lo aniquilará sin ajeno auxilio, mil veces más peligroso que el crimen del negro enemigo de Cuba» (Gandarilla 1912).

Para ese nacionalismo, la nación tenía un problema fundamental con los Estados Unidos. Para el PIC, la nación tenía un problema consigo misma y con los Estados Unidos.

C&C niegan toda posibilidad a este tipo de nacionalismo. Lo rematan diciendo: «No es ya la Ley Morúa lo que preocupa á los directores del movimiento; y la carta de Evaristo Estenoz

---

[28] Véase Martínez Heredia 2001 y Mendieta Costa 1989.
[29] «Baterías de rebote». En *Previsión*, agosto de 1908 (no se distingue el día en la copia consultada).

al cónsul de los Estados Unidos en Santiago, prueba que los que hace un mes se lanzaron al campo invocando los derechos de una raza, se darían por satisfechos hoy –a los treinta días cabales de iniciado el movimiento– con escapar al plomo y el machete de sus incansables perseguidores» (113). Esta es otra interpretación, la de la búsqueda de la intervención americana por parte del PIC, que se encuentra tanto en el pasado como en acercamientos académicos recientes, señaladamente en Rolando Rodríguez (2010)[30].

Dos Repúblicas en conflicto

En esa línea, los impugnadores de la protesta del PIC la presentaron enfáticamente como un atentado contra la República cubana.

Sin embargo, la falta de reformas sociales había conseguido que la matriz de desigualdad colonial fuese reabsorbida por la República creada en 1902. Varona lo había argumentado con la idea de «colonia superviva» –también el gran intelectual había amenazado con renunciar a la presidencia del Partido Conservador si se anulaba la EM[31]–. Irónicamente, la masacre contra el PIC fue la constatación brutal de esa idea. Todo el lenguaje colonial fue empleado contra «los negros»: «voluntarios», «guerrilla», «pacíficos», «presentados», «reconcentrados» (nótese el uso de esos términos por los propios C&C). En ello, los sectores más conservadores presentaron a Estenoz y su propuesta como mismo hicieron C&C: un «producto acabado y típico de una gigantesca

---

[30] He ofrecido información sobre la postura del PIC en torno a la intervención americana en otro texto, donde concluyo que la carta a la que se refieren C&C era apócrifa. Véase «Una réplica documental sobre el "anexionismo" de Evaristo Estenoz. Una propuesta sobre su testamento político» (en prensa).
[31] En *Diario de La Marina*, 20 de febrero de 1910.

revolución ultrademocrática que trastornó por completo la vida social y política del país, encumbrando á los menos capacitados y hundiendo en las sombras del olvido los más brillantes talentos y los más sólidos prestigios» (42). C&C daban de alguna forma en el clavo: «El movimiento insurreccional cuyas postreras vibraciones estremecen todavía las montañas orientales, ha sido un brote racista, una protesta armada de los negros contra los blancos, de los *antiguos siervos contra los antiguos señores*» (35; las cursivas son mías).

Los «antiguos señores» tenían, con justicia, un papel ganado en la nueva República. Manuel Sanguily lo defendió de esta manera: en la guerra «nos empobrecimos y arruinamos por ellos (los negros), que como decía aquel Martí que tanto los amó, sufrimos como ellos, más que ellos y bregamos bravamente por nuestra libertad». Sin embargo, ese discurso venía inextricablemente unido a una lógica paternalista: «…a empeños de cubanos debieron la emancipación los esclavos de esta isla…», «Así hayan sido millones los hombres de color que estuvieron junto a los cubanos en la revolución, el origen de esta, su preparación, su iniciativa, su programa y su dirección, esto es la Revolución en su carácter, su esencia y sus aspiraciones, fue la obra exclusiva de los blancos» (Sanguily 1919: 489).

Era una matriz común a varios sectores ideológicos. La compartían C&C: «los seis o siete mil negros que respondieron al llamamiento, se marcharon al campo de la revolución impulsados por un solo sentimiento: odio al blanco, al blanco que en nada les había ofendido; que después de darles la libertad, hizo cuanto pudo por levantarlos del bajo nivel en que yacían». La compartía también el viejo autonomismo: «aunque la mayoría de los negros de Cuba fue siempre dócil, apacible, y respetuosa de la superioridad del blanco, no era esta tan acepta a los mulatos, en quienes, como en todos los mestizos, producía mortificación el predominio de la raza superior»[32].

Se trataba de una poderosa corriente que el nacionalismo hegemónico encubría y que lo sucedido alrededor del PIC y su protesta armada colocó en primer plano.

La rebelión de 1912 debe entenderse entonces, también, como una rebelión contra ese paternalismo «blanco». *Previsión* lo expresó en tono tan jocoso como firme: «Queremos nuestros derechos, así sea para hacer con ellos lo que hacen los muchachos con sus juguetes: romperlos, desbarrigarlos para ver lo que tienen adentro, aunque después nos quedemos a la luna de Valencia»[33].

C&C describen cómo los soldados del Ejército iban a los «combates» contra los rebeldes al grito de ¡Viva la República! Por su parte, días antes de ser asesinado, Estenoz escribía: «¡Alerta, pues, cubanos y a las armas! que ha sonado la hora de la redención definitiva para todos: para redimir a los unos de sus crímenes y de su salvaje egoísmo y a nosotros de la humillación en que vivimos por amar a la República y por temor de inferirle agravios a la patria»[34].

El Ejército protegía la República anclada a la colonia. Masacraba, en nombre de ella, a sus ciudadanos. Mantenía a sangre y fuego su perfil oligárquico. El libro de C&C es uno de sus más crudos alegatos. La propuesta del PIC operaba con una noción distinta a la de Morúa, y a la del Ejército, pero también republicana: completar la ciudadanía por la vía de encajar la diferencia social, cultural y racial en el contenido de la ciudadanía, dotándola de la mayor potencia igualitaria que esta puede adquirir: afirmar la diferencia e impedir la explotación de la desigualdad.

---

[32] En *Apuntes sobre la cuestión de Cuba* (1897). Por un autonomista (sin otros datos en esa edición).
[33] «Al trote». En *Previsión*, 05 de noviembre de 1909.
[34] En *La Discusión*, 21 de junio de 1912: 11).

Ambos bandos gritaban «Viva la república», pero defendían nociones distintas de ella.

BIBLIOGRAFÍA

BRONFMAN, Alejandra (2001): «La barbarie y sus descontentos: raza y civilización. 1912-1919». En *Temas* 24-25: 23-33.

CANALES CARAZO, Juan (1910): *Amarguras y realidades del ilustre cubano Martín Morúa Delgado. Compilación de datos relativos a su labor*. La Habana: Imprenta cubana.

CASTELLANOS, Israel (1914): «El tipo brujo». En *Revista Bimestre Cubana* IX (5), septiembre-octubre.

CHAPOUTOT, Johann (2018): *La revolución cultural nazi*. Madrid: Alianza Editorial.

DUBOIS, W. E. B. (1903): «Of Our Spiritual Strivings». En *The Souls of Black Folk*. New York: Penguin [versión en línea: <http://www.gutenberg.org/ebooks/408>].

FERRER, Ada (2011): *Cuba insurgente: Raza, nación y revolución (1868-1898)*. La Habana: Editorial de Ciencias Sociales.

— (2014): *Freedom's Mirror. Cuba and Haiti in the Age of Revolution*. Cambridge: Cambridge University Press.

— FERRER, Ada & GARCÍA RODRÍGUEZ, Gloria & GONZÁLEZ-RIPOLL NAVARRO, María Dolores & NARANJO OROVIO, Consuelo & OPATRNÝ, Josef (eds.) (2004): *El rumor de Haití en Cuba. Temor, raza y rebeldía (1789-1844)*. Madrid: Consejo Superior de Investigaciones Científicas.

GANDARILLA, Julio César (1912): «Impreso referente al Presidente José Miguel Gómez, a la injerencia norteamericana y al enfrentamiento a los negros». En ANC. Legajo 296 – 44, 27 de mayo.

GONZÁLEZ ARÓSTEGUI, Mely del Rosario (2000): «Antinjerencismo y antiimperialismo en los inicios de la República en Cuba». En *Temas* 22-23, julio-diciembre: 13-33.

HELG, Aline (2000): *Lo que nos corresponde. La lucha de los negros y mulatos por la igualdad en Cuba (1886-1912)*. La Habana: Imagen Contemporánea.

Máiz, Ramón (2005) «Nacionalismo e inmigración en Francia: la republique une et indivisible y el affaire du foulard». En *Revista de Estudios Políticos (nueva época)* 129, julio-septiembre: 5-37.

Martínez Heredia, Fernando (2001): «El problemático nacionalismo de la Primera República». En *Temas* 24-25: 34-44.

Mendieta Costa, Raquel (1989): *Cultura, lucha de clases y conflicto racial. 1878-1895*. La Habana: Pueblo y Educación.

Morúa Delgado, Martín (1903): «Toussaint de L'Ouverture». En *Cuba y América* XI (3): 316-321.

— (1910): *Enmienda presentada por el Senador M. Morúa Delgado. Debate y resolución sobre la misma*. La Habana: Papelería y Encuadernación La Rambla y Bouza.

— (1957) *Integración cubana y otros ensayos. Obras completas de Martín Morúa Delgado, Vol III*. La Habana: Publicaciones de la Comisión Nacional del Centenario de Don Martín Morúa Delgado.

Mustelier, Gustavo E. (1912): *La extinción del negro. Apuntes políticos-sociales*. La Habana: Impr. de Rambla, Bouza y Ca.

Rodríguez, Rolando (2010): *La conspiración de los iguales. La protesta de los Independientes de Color en 1912*. La Habana: Imagen Contemporánea.

Roche y Monteagudo, Rafael (1908): *La policía y sus misterios*. prólogo de Rafael Conte, La Habana: Imprenta «La Prueba».

Sanguily, Manuel (1919): «Discurso pronunciado el 19 de febrero de 1910 en el banquete en el gran teatro Polyteama que le ofrecieron sus amigos como ocasión de su nombramiento de secretario de Estado». En *Discursos y conferencias*, volumen 2. La Habana: Impr. de Rambla, Bouza y Cia.

Serra, Julián V. (1909): «Liborio y José Rosario». En *Previsión*, 30 de diciembre.

Velasco, Carlos de (1913): «El problema negro». En *Cuba Contemporánea* 1 (2), febrero.

# Guerra de razas
## Negros contra blancos en Cuba

*Al Mayor General José de Jesús Monteagudo, Comandante en Jefe del Ejército Cubano, a su lugarteniente, el Brigadier Pablo Mendieta, a los brillantes jefes y oficiales y heroicos y abnegados soldados de la República, que, al aplastar la revolución racista, salvaron a Cuba de la anarquía interior y la ingerencia extranjera.*

Rafael Conte
José M. Capmany

## Dos palabras

Fue nuestra primera idea al dar a la publicidad el presente libro, hacer lo que podríamos llamar la pulimentación literaria de nuestros trabajos; pero como hemos creído que esto vendría a alterar los conceptos de los episodios de la guerra, resultando unos más opacos y otros de mejor colorido, hemos optado por dejar las reseñas periodísticas tal cual se escribieron en los días de ardorosa lucha, para que nuestros lectores no vean en este libro otra cosa que la verdad de los hechos tal como en el desenvolvimiento de la revolución racista acontecieron.

No presentamos esta obra como un dechado de literatura, porque esto no es posible cuando se escribe al día, pero sí podrán nuestros lectores encontrar en ella la historia verídica de casi todos los combates librados y de las principales causas del movimiento.

Muchos otros trabajos inéditos hemos creído prudente intercalar, con ilustración de datos, seguros que con esto complaceremos la natural curiosidad de la opinión y del país, que está ávido de conocer con certeza todos los pormenores del nefasto movimiento racista, ya dominado, por fortuna.

No se nos oculta que algunos, y acaso muchos, de nuestros juicios han de parecer excesivamente severos; pero tal consideración no puede inducirnos a modificarlos, pues si tal hiciéramos dejaríamos de ser sinceros.

Al ofrecer al público este modesto libro nos propusimos, ante todo, decir la verdad; y creemos haber cumplido fielmente nuestros honrados propósitos.

I.

LUCHA DE RAZAS

El movimiento insurreccional cuyas postreras vibraciones estremecen todavía las montañas orientales ha sido un brote racista, una protesta armada de los negros contra los blancos, de los antiguos siervos contra los antiguos señores. Suponer otra cosa, atribuirle otro carácter, sería pueril y absurdo, y acusaría un desconocimiento absoluto del más trascendental y difícil de nuestros grandes problemas nacionales.

No hay que hacerse ilusiones sobre este punto: las dos razas que pueblan la República de Cuba se han declarado recíprocamente la guerra, han venido a las manos, han hecho correr la sangre; y de hoy más, el profundo recelo de los blancos servirá de contrapeso al odio inextinguible de los negros.

Uno de los dos bandos tiene forzosamente que sucumbir o someterse: pretender que ambos convivan unidos por lazos de fraternal afecto es pretender lo imposible.

Tal vez hubiera sido esto realizable antes del 20 de Mayo de 1912, porque hasta entonces el negro y el blanco, que en el fondo se detestaban, habían logrado mantenerse dentro de los límites de la prudencia; pero hoy, después del choque armado, después de la agresión brutal y del terrible escarmiento, no es lógico ni humano suponer que la paz, que no pudo conservarse con halagos y promesas, haya de surgir de los campos ensangrentados de la lucha.

En todo caso, los blancos, vencedores a muy poca costa, podremos olvidar; pero los negros, vencidos, humillados, los negros que han sentido de nuevo en sus espaldas el infamante látigo del dominador, ni olvidarán el afrentoso castigo, ni perdonarán nunca a sus implacables ejecutores.

No es probable que los hombres de color, desalentados por el fracaso, se sientan dispuestos a reanudar inmediatamente la lucha; pero esto no significa ni mucho menos que las brillantes victorias de nuestros soldados en las abruptas serranías del Oriente deban considerarse como decisivas.

Todo hace creer, por el contrario, que el problema, lejos de haber sido resuelto, no está sino planteado. Tardará más o menos tiempo en surgir un nuevo Estenoz, pero surgirá; y si para entonces no estamos convenientemente preparados, las consecuencias serán funestas.

Por lo demás, el conflicto no es nuevo, ni obedece (como propalan algunos maliciosos) a determinadas causas de orden local. Los cubanos caucásicos y los cubanos africanos luchan entre sí por las mismas razones que desde que el mundo es mundo han tenido para combatir y exterminarse los hombres de distinto origen. Es el problema eterno: desde los tiempos más remotos, toda la historia de la humanidad se ha reducido a una perpetua e implacable lucha de razas. Cuba no ha podido sustraerse a la ley general. Y menos mal que se tratara de grupos étnicos afines, oriundos de una misma raza madre, pues en este caso podría esperarse que con el transcurso de los siglos acabarían por mezclarse y confundirse, como se confundieron y mezclaron los blancos germánicos de Ataulfo y Alarico, con los blancos latinos de las provincias romanas; pero, tratándose como se trata de caucásicos y etiópicos, la mezcla es imposible, puesto que ni aun por medio del cruzamiento continuado y científico, puede lograrse la desaparición total de una de las dos razas en provecho de la otra.

II.

UNA LEYENDA DESVANECIDA

La llamada campaña de Oriente ha servido, entre otras cosas, para destruir muchos prejuicios y disipar numerosas tradiciones de «la Cuba que se fue», y casi casi nos atrevemos a decir «la Cuba que hizo bien en irse».

Creíamos, por ejemplo, y nadie que se considerase bien enterado lo hubiera puesto en duda, que el negro era más valiente, más fogoso y más insensible a las fatigas y privaciones que el blanco. Recordábamos el comportamiento heroico, la acometividad, la audacia y el valor casi salvaje que habían desplegado los hombres de piel oscura en nuestras guerras emancipadoras, y llegamos en nuestra exaltación tropical a creer que eran ellos los únicos cubanos capaces de soportar sin abatirse las crudezas de una campaña militar bajo los abrasadores rayos del sol de los trópicos.

Los negros orientales, sobre todo, se nos antojaban punto menos que invulnerables titanes; y muchas veces, al meditar sobre las posibles contingencias de una lucha de razas, temblábamos de espanto ante la terrible perspectiva de vernos atacados al machete (¡nada menos que al machete!) por los legendarios escuadrones de negros montañeses, que en nuestra encendida fantasía nos parecían capaces de derribar con sus aceros las murallas seculares de la Cabaña y el Morro.

El movimiento estenocista ha servido para destruir esta épica leyenda. Los negros orientales, los legendarios negros del indomable Oriente, no han dado muestras, en esta ocasión al menos, de su decantado valor. Lamentamos sinceramente tener que decir esto, y no tanto por lo que con ello podamos mortificar a los guerreros racistas, como porque, hasta cierto punto, podrían interpretarse nuestras palabras en sentido desfavorable para el valiente Ejército de la República, puesto que al rebajar la calidad de los enemigos con quienes tuvieron que habérselas, parece como que se desmerita un tanto la labor heroica realizada por las tropas.

Afortunadamente, como tendremos ocasión de demostrar, el mérito de los soldados cubanos en esta campaña no se basa en los triunfos militares, a causa de la misma despreciable condición del enemigo. Y por otra parte, ¿quién nos dice que la poca acometividad de los alzados no obedeciera a que desde los primeros momentos se dieron cuenta de que tenían que habérselas con un contrario formidable?

Hay que confesar que los negros de Oriente, los mismos que al alborear nuestra gloriosa guerra de Independencia, se lanzaban sin armas ni pertrechos contra los valerosos soldados españoles, para arrancarles a viva fuerza los fusiles de que carecían, no han mostrado ahora el valor heroico, desesperado, salvaje, si se quiere, que hizo de ellos en aquella época un objeto de admiración y de terror.

Es innegable que los 10.000 soldados regulares de la República, que con facilidad pasmosa aplastaron la rebelión, tenían sobre los españoles la ventaja (la única ventaja) de ser naturales del país, y poder, por lo mismo, soportar mejor las inclemencias de la campaña; pero esto no justifica la falta de empuje total, absoluta, de los rebeldes. Ni una sola vez se atrevieron a cargar al machete; ni en una ocasión tan siquiera hicieron frente a las tropas leales, ni tuvieron valor para levantar un rail, ni llevaron su osadía hasta el extremo de detener un tren de viajeros. Todos sus rasgos de audacia quedaron limitados al saqueo e incendio parcial de La Maya, que realizaron gracias a la cooperación de algunos negros habitantes del lugar y aprovechando la ausencia del destacamento de rurales que lo guarnecía, y a la destrucción de lugarejos indefensos y estaciones aisladas y desprovistas de toda protección.

Esta cobardía (no encontramos palabra más adecuada para expresar la timidez de los soldados estenocistas) ha sido objeto de muchos y muy encontrados comentarios y ha dado origen a inacabables controversias. Atribúyenla algunos a las eficaces combinaciones militares del General Monteagudo y a la pericia y el valor de sus oficiales y soldados. Los que así opinan, afirman que los cabecillas de la rebelión fueron derrotados con sus propias armas, merced a la *táctica mambisa* que emplearon las tropas. Otros, en su inútil afán de restarle importancia y gravedad al alzamiento, despojándolo de su carácter racista, aseguran que los rebeldes no hacían armas contra el ejército leal, porque les repugnaba derramar sangre de hermanos. Y por último, los más radicales, los más escépticos (y según ellos los más lógicos) afirman categóricamente que lo sucedido no les ha causado mayor sorpresa, por ser cosa demostrada que el negro, capaz de acometer las más heroicas empresas cuando se siente dirigido y amparado por el blanco, se convierte en el ser más inofensivo de la creación al encontrarse solo y sin más guía que su propia iniciativa.

Los que tal dicen traen a colación y en apoyo de sus teorías, las famosas exploraciones de Livingston y Stanley al «África Tenebrosa».

En aquellos peligrosos viajes a través de inmensos territorios desconocidos, los intrépidos exploradores, a fuerza de dádivas y halagos, lograron la amistad de algunos indígenas, tan salvajes, tan cobardes y tan abyectos como los demás, y que sin embargo, no bien se vieron junto al *hombre blanco,* convirtiéronse en verdaderos héroes y llegaron a inspirar invencible terror a los tribeños, a los cuales vencieron con facilidad pasmosa, no obstante conservar sus primitivos armamentos.

Los autores de este libro, modestos periodistas que no abrigan al publicar esta obra otro pensamiento ni persiguen otra finalidad que reseñar fielmente lo que vieron durante su permanencia en las montañas Orientales, no son los llamados a pronunciar la última palabra en cuestión de tanta trascendencia como la que sirve de tema a este capítulo.

Nosotros nos limitamos a consignar que los negros rebeldes de Ivonet y Estenoz no desplegaron ninguna de las legendarias dotes de energía y audacia que caracterizaron en otros tiempos a los montañeses orientales.

Por lo que hace a las causas que hayan podido motivar esta carencia absoluta del legendario valor, ya hemos dicho que nos son desconocidas, y no tenemos el menor interés en averiguarlas.

III.

A CADA CUAL LO SUYO

Se ha repetido con marcada insistencia que la suprema aspiración de Evaristo Estenoz y sus lugartenientes (Ivonet, Lacoste, Surín y otros) consistía nada menos que en el establecimiento de una república negra, calcada sobre los moldes de Haití.

Nada más lejos de la verdad: Estenoz, sobre todo, era demasiado sagaz para no darse cuenta de lo absurdo y descabellado de semejante propósito; y podemos asegurar sin temor a equivocarnos, que en todo pensaba él, menos en convertir a Cuba en una edición de bolsillo de la Nigricia.

Sabía el astuto cabecilla, y de fijo que no lo ignoraban sus edecanes, que aun en el caso –muy improbable por otra parte– de obtener un triunfo completo y decisivo sobre los blancos, no les habría sido posible constituir una república de negros, puesto que a ello se hubieran opuesto resueltamente los norteamericanos, que, como se sabe, no se distinguen por su amor a los hombres de piel oscura.

Otra era, a juicio nuestro, la finalidad que perseguía Estenoz; y aun a trueque de que se nos tache de excesivamente crédulos –de cándidos, si se quiere– afirmamos sin vacilar que su sueño dorado consistía en obtener la derogación de la llamada «Ley Morúa».

Evaristo Estenoz, hombre ambicioso y de muy elástica moral, producto acabado y típico de una gigantesca revolución ultrademocrática que trastornó por completo la vida social y política del país, encumbrando a los menos capacitados y hundiendo en las sombras del olvido los más brillantes talentos y los más sólidos prestigios; Estenoz, que sin estar dotado de verdadera inteligencia poseía la vivacidad característica del politicastro surgido de los comités de barrio, era tal vez entre todos los suyos, el único que aspiraba con toda sinceridad a obtener la derogación de la expresada ley, que inspirada acaso en el deseo de contener a los blancos, sólo ha servido, a juzgar por los hechos, para exasperar a los negros.

Si Estenoz hubiera obtenido la derogación de la Ley Morúa, bien por medio de la propaganda pacífica, bien empleando la violencia, se habría convertido en jefe nato de los negros que habitan la isla, y que constituyen un crecido tanto por ciento de su población total, lo que equivale a decir que el ambicioso cabecilla hubiera dispuesto a su antojo de una fuerza electoral irresistible, que ora empleada en beneficio de su raza, ora valiéndose de ella para robustecer a cualquiera de los partidos legítimamente constituídos, habría jugado, en todos los casos, un papel decisivo en la política cubana.

Los conservadores para obtener el poder y los liberales para conservarlo, hubieran pagado a cualquier precio la cooperación de Estenoz; y el *leader* de los titulados Independientes de Color, cargado de honores y riquezas, habría llegado a ser la figura central de todas las situaciones.

Con esto, sin embargo, poco o nada adelantaban los miles de negros, analfabetos en su inmensa mayoría, que seguían las inspiraciones del audaz jefe racista: esos desventurados, no obstante su ignorancia, se daban cuenta de que la derogación de la Ley Morúa ningún beneficio directo habría de reportarles: individual y colectivamente, ellos continuarían siendo los más humildes, los más desgraciados, los más perseguidos por el destino adverso.

Fue, pues, necesario, para obtener la cooperación entusiasta de esos hombres, ofrecerles algo que estuviera más en consonancia con sus deseos y aspiraciones; y...

¿Será necesario repetir aquí lo que sabe todo el mundo y nadie se atreve a negar?

Estenoz, Ivonet, Surín, Lacoste, todos los llamados jefes del Partido Independiente de Color, que habían de convertirse poco después en cabecillas del movimiento armado, convencidos de que con promesas de futuras ventajas políticas no lograrían despertar el dormido entusiasmo de sus parciales, recurrieron al criminal expediente de excitarlos a la lucha, propalando las más calumniosas especies contra los blancos, y ofreciéndoles como horribles trofeos de victoria el saqueo de nuestros hogares, la sangre de nuestros hombres y la honra de nuestras mujeres.

Todavía resuenan en nuestros oídos aquellas insultantes palabras que profiriera el cabecilla racista en la tribuna de Guantánamo, cuando en medio de los aplausos y rugidos de una multitud frenética y enardecida por el alcohol y la lujuria, aseguró que, *después del triunfo del Partido Independiente de Color, los mulatos, que hasta el presente habían sido producto del cruzamiento del blanco y la negra, nacerían de la unión del negro con la blanca.*

Eugenio Surín, por su parte, predicaba abiertamente la guerra de razas; y en una ocasión, que recordamos perfectamente, se interrumpió en medio de uno de sus discursos incendiarios para decir que no podía continuar en el uso de la palabra, porque el cuello de la camisa, por ser blanco, le asfixiaba.

El movimiento estenocista no tuvo, pues, como se empeñan algunos en afirmar, un carácter francamente político. Los únicos que tal vez obraban con sinceridad al combatir la Ley

Morúa eran Estenoz y sus principales lugartenientes, por ser ellos los únicos a quienes la derogación de la tal Ley interesaba.

Los otros, es decir, la inmensa mayoría, la casi totalidad, los seis o siete mil negros que respondieron al llamamiento, se marcharon al campo de la revolución impulsados por un solo sentimiento: *odio al blanco*, al blanco que en nada les había ofendido; que después de darles la libertad, hizo cuanto pudo por levantarlos del bajo nivel en que yacían...

IV.

## Un viaje terrible

Santiago de Cuba, Junio 7, 1912

¡Vivo!... qué inmensa felicidad! No me han matado, ni me han herido ni me han dado un arañazo... ni siquiera se han atrevido a tirotear el tren.

Hablando con toda franqueza, me alegro de que no me hayan causado el más leve daño; pero eso de no detener la locomotora me tiene desconsolado. Yo esperaba por lo menos un tiroteo, un ¡alto!, un ¡viva el ejército reivindicador!, algo, en fin, que me facilitase tema para inaugurar mi vida de corresponsal en campaña con un telegrama de esos que obligan a los regentes y empleados de la imprenta a registrar todas las gavetas del almacén en busca de tipos gruesos como puños.

¡Calculen ustedes lo hermosa que hubiera lucido la primera página de *La Prensa*, con títulos como estos:

El tren Central atacado por Estenoz. Heróica defensa de los pasajeros. –Nuestro querido compañero Fulanito de Tal, fue la estrella de la jornada, y a su buena puntería y control con hombres en bases se debió la victoria... Ya no desembarcarán los americanos. – Presentación de Ivonet. – Campos Marquetti defiende la Ley Morúa. – Nuestro Corresponsal, con sus disparos de Shrapnell criollo, causó ciento noventa muertos vistos al enemigo y ocupó el dedo gordo del pie derecho de un cabecilla.

Todo esto y mucho más hubiera podido anunciar a mis ansiosos lectores, y para ello habría bastado que un grupo de alzados detuviera el tren.

Pero, ¡quiá!: los alzados no detienen nada, y todas las peripecias de mi viaje desde *la siempre fiel a la siempre rebelde* se redujeron a tres o cuatro momentos de pánico, pronto disipado, y a una serie que parecía interminable de escenas cómicas, la primera de las cuales se desarrolló en Villanueva y la última en la estación de esta ciudad.

En el andén de Villanueva, desde una hora antes de la salida del tren, se advierte inusitada animación. Los viajeros y los curiosos se saludan, se confunden, forman grupos, hablan y discuten sobre los sucesos de actualidad, y hay momentos en que todos, hasta los bulliciosos maleteros, parecen héroes.

Héroes he dicho, y tengo que hacer una pequeña aclaración: en estos momentos de prueba, todo el que adquiere un boletín de la Habana a Santiago, es un valiente por los cuatro costados.

Sin duda por esta causa, son muchos los que hacen el viaje hasta la Ciénaga o Luyanó, después de despedirse de amigos y familiares con los ojos arrasados por las lágrimas, y gritando desde la plataforma que telegrafiarán, en cuanto lleguen a Songo.

A las diez en punto, y en medio de un silencio sepulcral (ese silencio solemne que precede a todos los hechos terribles o heroicos) se pone en marcha el tren, y apenas se deja a retaguardia la Quinta de los Molinos, empiezan los viajeros a identificarse.

Un caballero de aspecto pacífico y eminentemente mercantil es el que primero rompe el fuego, con estas palabras, que nos dejan sorprendidos:

—Ahora que se han suspendido las garantías constitucionales, van a saber esos pillos lo que es bueno.

—Hay que dar mucho machete —prorrumpe otro amable sujeto haciendo un gesto terrible, capaz de hacer presentar a Ivonet.

El *reporter* (futuro corresponsal en campaña) aguza el oído, y se dispone a la *interview*.

—¿Fuma usted? —pregunta sacando la tabaquera y ofreciéndola a uno de los belicosos interlocutores.

Este y su compañero (el del machete) aceptan el obsequio; y ya el periodista se regocija pensando que tiene que habérselas con dos héroes que viajan de incógnito, cuando sus aguerridos compañeros de viaje le manifiestan que sólo van a Matanzas.

—¡Cómo! ¿Nada más?

—Pues, ¿qué creía usted?

—¡Hombre! yo me había figurado que ustedes irían por lo menos hasta La Maya.

Desde aquel momento, ni el reporter ni nadie vuelve a hacer caso de *esos dos bobos* que sólo van hasta Matanzas.

Porque la calidad de los pasajeros del central se mide en estos días por la distancia que van a recorrer. Uno que se queda en Jovellanos, no vale gran cosa; el que llega a Santa Clara tiene más derecho a la admiración de sus compañeros y los que pasan de Camagüey son unos valientes. Ni que decir tiene que los que declaran con solemne acento que el término de su jornada es San Luis, el Cristo o el propio Santiago, son los *amos del tren*. Para estos se reservan todas las atenciones, todos los agasajos, todas las demostraciones de afecto.

—¿Ves ese hombre gordo? —dice un marido a su mujer—: tiene que ir a La Maya.

—¡Ay, el pobre! —exclama con tono doliente la señora.

Por lo demás, las primeras horas del viaje son bastantes divertidas, sobre todo para los coleccionistas de armas de fuego.

—¿Lleva usted revólver? —pregunta un pasajero a su vecino.

Y el interpelado, que no desea otra cosa que exhibir su 44, saca del cinto un enorme Bulldog, sucio y descuidado, con el cual, según afirma, peleó muy duro en la escolta de Máximo Gómez. Esta primera demostración armada es la señal; y pronto todos los viajeros agitan en sus manos revólvers y pistolas de todas clases.

—Esta belga de setenta tiros —dice uno— es capaz de acabar con una partida de negros.

—Ríase usted de pistolas automáticas —exclama otro—; no hay arma más fija que esta.

Y se pone a apuntar a derecha e izquierda con un Colt.

—¡Papá, yo tengo miedo! —grita un niño.

El conductor interviene y todos los «escupe plomos» vuelven a sus fundas.

Es consolador, ensancha el corazón y levanta el ánimo el aspecto marcial y la resolución que se advierte en todos los pasajeros.

No hay uno entre ellos que no desee tropezarse con los alzados, «esos canallas, miserables, traidores, que no pagan ni fritos lo que están haciendo».

Lo malo es que aquella actitud y este lenguaje sólo prevalecen hasta que llega el tren a Camagüey. En ese lugar, bien porque la horrible comida que se sirve en la estación haya deprimido los ánimos, o bien porque empiece a sentirse la cercanía del peligro, el caso es que las lenguas enmudecen.

Y pasan estaciones: Guarina, Mambí, Palo Seco… empiezan a notarse síntomas de inquietud, que va en aumento, hasta que, al llegar a Alto Cedro, que es donde empieza la «zona peligrosa», sólo se oyen frases de prudencia, de igualdad política y social, de boberías entre cubanos, etcétera, etcétera.

Los viajeros blancos encuentran justificada, hasta cierto punto, la protesta de Estenoz, «porque caballeros, después de todo, no hay que olvidar que los negros pelearon mucho».

Los que más belicosos se habían mostrado entonces, empiezan a decir que ellos se lavan las manos, y no faltan quienes esconden el pistolón, la belga o el Smith and Wesson, «porque no conviene que lo cojan a uno con armas encima».

Por su parte, los viajeros negros, que saben lo de las garantías y no ignoran que se acercan también a la zona del peligro, declaran a voz en cuello que Estenoz e Ivonet son un par de sinvergüenzas.

Se sale de Alto Cedro. ¡Qué momento! Se apagan las luces del tren. Los soldados de la escolta se forman en línea de batalla junto a las ventanillas; la locomotora marcha a paso de tortuga...

Llegamos a San Luis, y renace nuevamente la calma; en San Luis está Mendieta con su columna, y también está Capmany, el héroe de Yarayabo, irreprochablemente vestido de facineroso.

¡Por fin! ¡¡Santiago!! La bella Santiago, como la bella Habana, no ha perdido su aspecto normal. Para mí, que estuve aquí hace dos meses en misión sportiva, sólo presenta un cambio: que todos mis amigos, los «igorrotes», a quienes encontré en mi viaje anterior armados de bates y pelotas, pasean ahora por las calles, con camisa azul y pantalón de kaki, llevando el fusil al hombro...

Los bates han desaparecido; las pelotas no. La capital de Oriente ha sido siempre notable por su desmedida afición al base-ball...

## V.

## Hands across the sea

> Dice un refrán castellano
> que Dios aprieta y no ahoga;
> pero estoy viendo la soga
> y el movimiento de mano
>
> Estenoz

San Luis, Junio 12, 1912

Ya tenemos a los galos en Roma; y aunque los asustados gansos del Capitolio han dado la voz de alarma, difícil me parece que podamos sustraernos a los terribles efectos de la invasión.

Tanto los cablegramas de Washington como los jefes y oficiales que por aquí se encuentran y los que acabo de ver en Guantánamo, afirman categóricamente que los Estados Unidos no tienen el propósito de intervenir en Cuba, lo cual es muy posible; pero, sea este u otro el fin que se persigue, el caso es que ya los acorazados y cruceros de la Unión ocupan nuestros puertos y que las tropas yankees, con el pretexto de proteger las vidas y haciendas de los ciudadanos de la Gran República, se han internado en territorio cubano, y establecido guarniciones y destacamentos en los lugares más a propósito para precipitar el mejor día un conflicto de todos los demonios.

Aquí mismo, en el ingenio Unión, a medio kilómetro de esta sucursal de la Cafrería que se llama San Luis, se halla una fuerza americana de 150 hombres, con artillería, y sus tiendas de campaña y el humo de sus vivacs se distinguen con toda claridad desde los acantonamientos cubanos del general Mendieta.

Podemos, desde luego, estar tranquilos por lo que a nuestros soldados se refiere; ellos no provocarán el más leve rozamiento ni darán lugar con su conducta, que es intachable, a que los estadistas de la Casa Blanca encuentren un nuevo pretexto; pero, ¿puede decirse lo mismo de los otros? Hasta el presente –dicho sea en honor de la verdad– todos los militares del Tío Sam, desde los de más elevada jerarquía hasta el más humilde soldado, han procedido con exquisito tacto y corrección intachable; pero ya conocemos a los americanos del ejército, sabemos lo impertinentes que suelen ponerse, y cualquiera impertinencia en los actuales momentos podría originar un verdadero lío de funestas consecuencias para todos.

Yo no acierto a comprender (lo digo con toda sinceridad) la razón que haya podido tener el gobierno americano para precipitar sobre Cuba su escuadra y ocupar militarmente una porción no pequeña de nuestro territorio. ¿Qué se propone la Gran República, qué fines persigue, a impulsos de qué sentimientos obra?

Se sabe de manera indubitable que el primer grito de alarma lo dió Mr. Brooks, o hablando con más propiedad, el señor Brooks, convertido en *mister* por impulso espontáneo de su libre albedrío. Este caballero, o por mejor decir, este *gentleman*, que lamenta de todo corazón el haber nacido en Cuba, desempeña en la Nigricia criolla, esto es, en Guantánamo, las funciones de cónsul de S. M. Británica, y se siente más sajón que el rey Haroldo.

Él, como muchos que adquirieron patente mambisa en la revolución del 95, no tiene ni tuvo nunca otro ideal que derribar el imperio español para levantar el imperio yankee. Sin duda que el señor de *mister* Brooks, en su calidad de *British subject*, hubiera preferido un nuevo Transvaal a una segunda edición de Puerto Rico; pero a falta de pan, buenas son tortas; y ya que no es posible cantar el *God save the King*, bien puede un sajón, por honorario que sea, darse por satisfecho cantando el *My country it is of thee*; después de todo, la música es igual, y el *Hail Columbia* y el *Rule Britannia* vienen a ser una misma cosa...

*Que la voz de la sangre es la más fuerte,*
*y hands across the sea*

Volvamos al *señor de mister* Brooks.

No ha sido esta su primera demostración anexionista. Hace algún tiempo, como recordarán de fijo mis lectores, estuvo a punto de provocar un conflicto, por haber solicitado del jefe de la estación naval el inmediato desembarco de tropas, sin otra causa que haber ocurrido varios desórdenes sin importancia en Guantánamo.

En aquella ocasión no desembarcaron en Cuba soldados americanos gracias a la digna y enérgica actitud del capitán York, que se opuso a ello resueltamente.

Ahora no ha hecho sino ratificar con un nuevo acto de franca hostilidad el poco cariño que le inspira la República cubana, y esto no debe sorprender a nadie, del mismo modo que no debe causarnos extrañeza que el ministro Beaupré y el mamarracho de Caldwell, corresponsal en esa capital de la Prensa Asociada, hayan sido los responsables de que un almirante y dos grandes acorazados de los Estados Unidos se encuentren hoy en la bahía de la Habana, pues ambos se han distinguido siempre por... por... ¡bueno! por lo mismo que se distingue el flamante Cónsul de la Gran Bretaña en Guantánamo.

Repito que la actitud de tan distinguidos anexionistas no me sorprende; pero si hay en este mundo algo que yo no pueda explicarme, es que hoy, cuando forzosamente tienen que haberse convencido de que las tropas de Cuba Libre bastan y sobran para meter a los alzados en cintura, insistan los americanos en permanecer en territorio cubano, con lo cual –bueno es que se sepa– no han conseguido otra cosa que crear dificultades a nuestro gobierno, herir a nuestro pueblo en sus más hondos sentimientos y retardar la pacificación del país.

No hay que hacerse ilusiones; mientras que Ivonet, Estenoz y los principales cabecillas del movimiento no se convenzan de que los yankees no tienen el propósito de intervenir, se guardarán bien de rendir las armas, pues pensarán que el gobierno, al verse seriamente amenazado por una nueva intervención, acabará por concederles todo cuanto piden.

Tan convencido estoy de lo que digo, tan absolutamente seguro de que si se mantienen en las montañas es sólo por la razón que dejo expuesta, que no tengo el menor inconveniente en afirmar que la retirada de los buques y soldados yankees traería como consecuencia inmediata el cese de la rebelión.

## VI.

## Un accidente

Para dirigirse a Guantánamo, plaza de la cual acababa de ser nombrado comandante militar, el coronel de Infantería Jefe del Segundo Regimiento Sr. Carlos Machado y Morales había tomado pasaje en el tren que parte de Santiago de Cuba a las 2 y 15 de la tarde, en unión del Teniente de Sanidad Militar Dr. José A. Cabrera y el Segundo Teniente señor Alfonso. El convoy que los conducía hubo de sufrir en El Cristo un retraso como de media hora, pues en la vía se encontraba un tren de carga que había tenido un percance. Este inesperado retraso hizo que dichos militares llegaran a San Luis con mucha demora, por lo que el tren que a las 3 de la tarde sale para Guantánamo ya había partido, lo que obligaría al coronel Machado y sus acompañantes a permanecer en San Luis hasta el día siguiente. Pero el coronel Machado, que es hombre que no se detiene ante ningún obstáculo para llegar al fin, y que comprendía lo necesario de su llegada a Guantánamo, ordenó que la Compañía del Este pusiera a su disposición una cigüeña de vapor para hacer el viaje en unión de sus compañeros. El hacer el viaje de San Luis a Guantánamo en el tren era cosa en extremo peligrosa, pues raro era el día que los rebeldes no lo tirotearan o quemaran un puente, una alcantarilla, y hasta alguna estación. Esto no obedecía a otra cosa que al hecho de que la zona que el tren atravesaba era la más frecuentada por las partidas rebeldes, dándose el caso repetidas veces de que los alzados plantaran su bandera sobre las lomas en las cercanías de las paralelas del ferrocarril.

Estos peligros, perfectamente conocidos por el coronel Machado, no le hicieron desistir de su propósito; y a las 4 y 25 de la tarde salían en la mencionada cigüeña automóvil el coronel Machado y los Tenientes Cabrera y Alfonso, con una pareja de la Guardia Rural, en dirección a Guantánamo.

Nada anormal ocurrióles durante el trayecto de San Luis a Bayate. Ya era de noche cuando atravesaron este paradero, por lo que enviaron a buscar algo que comer, que confortara sus estómagos. Terminada esa pequeña comida, volvieron a ocupar su cigüeña, emprendiendo de nuevo la marcha.

El jefe de ese paradero les había advertido que tuvieran cuidado, pues por la tarde había estado allí una gruesa partida de rebeldes, los que siguieron por la línea, en la misma dirección que ellos llevaban. Hacía ya más de 30 minutos que se encontraban en marcha, cuando atravesaban con bastante velocidad un puente muy largo, y sin baranda, en el medio del cual la cigüeña sufrió un choque terrible; todos cayeron unos encima de otros, y el que guiaba la máquina lanzaba lastimeros ayes; la cigüeña se había detenido en su marcha. La primera impresión fue terrible, todos creyeron que las partidas de alzados que merodeaban por aquellos lugares les habían tendido un lazo para capturarlos vivos; pero poco a poco fuese aclarando el misterio, y se pudo ver lo que había producido aquel espantoso choque: era un toro que se paseaba por el puente y al que la velocidad con que marchaba la cigüeña le impidió salir de él.

Desgraciadamente no fue sólo el toro el que pagó las consecuencias de la violenta acometida; la cigüeña también se había destrozado, y todos sus pasajeros hubieron de descender de ella internándose en la manigua, pues debían buscar una posición que estuviera en condiciones de poderse defender, caso de que alguna partida tratara de atacarles. Mas cual no sería la sorpresa de los excursionistas al ver que a medida que se internaban en el monte, se presentaban ante su vista pequeñas casitas de yagua, y el humo que despedían las candeladas; todo eso demostraba que horas antes había estado acampada allí alguna numerosa partida de alzados, por lo que hubieron de abandonar aquel lugar teniendo en cuenta que sólo eran seis hombres, de los cuales solamente dos usaban arma larga. Después de enviar a la siguiente estación al conductor de la cigüeña, se emboscaron todos detrás de una cerca, esperando el momento de morir matando, pues en el caso probable de que hubieran sido atacados por los alzados estos al ver a sus enemigos en número inferior, los hubieran tratado de capturar y como consecuencia se habrían defendido hasta disparar el último tiro. Allí pasaron 5 horas sin tomar agua ni probar ninguna clase de alimentos, y en medio de las mayores incomodidades. Por fin, un resplandor se deja ver por la manigua, las paralelas comienzan a producir ruido, un tren se aproxima, y a medida que la potente máquina avanza, van aquellos bravos militares, que hubieran sabido morir heroicamente antes que caer vivos en poder del enemigo, recuperando la confianza de vivir, que durante siete horas habían perdido.

A una señal se detuvo la locomotora, y todos reanudaron el interrumpido viaje a Guantánamo, donde llegaron a las dos de la madrugada.

Así terminó ese incidente, que pudo haber costado seis vidas y hubiera producido un efecto moral desastroso para la causa del orden.

## VII.

## El fuego de Boquerón por fuerzas del comandante Castillo

Esta acción, que ha sido sin duda alguna de las más importantes de las efectuadas en la intentona racista, ha pasado casi inadvertida, debido a que en los días que se efectuó todos los diarios habaneros estaban preocupados con el problema de la Intervención Americana, al que dedicaban todas sus páginas, haciendo caso omiso de lo que las fuerzas armadas de la República hacían por la región oriental.

La columna del comandante Rafael del Castillo, se encontraba acampada en el pequeño pueblecito de El Palmar, lugar pintoresco situado al pie de las estribaciones de las lomas de «Los Ciegos». Al amanecer, las alegres notas de la diana despertaban a todos aquellos bravos soldados de su sueño, y de sus pequeñas tiendas de campaña iban saliendo todos ya con sus equipos preparados y sus armas en la diestra. Repartiose el café en las Compañías, y apenas la aurora se dejaba entrever en el horizonte, ya los soldados emprendían la marcha, dejando detrás El Palmar, que durante toda aquella noche les había servido de agradable campamento.

No habían andado más de 20 minutos, cuando los exploradores de la Guardia Rural al mando del sargento Rizo y cabo Fifí, del Tercer Regimiento, rompían fuego contra un grupo de negros que, subidos en una loma inaccesible, les respondían a balazo limpio.

Entonces el comandante Castillo, que con el corneta de órdenes había ocupado una posición sobre una altura, ordenó que la Infantería, perteneciente a la Compañía del Capitán Almeyda, avanzara sobre la posición ocupada por el enemigo. El fuego de la infantería comenzó tan pronto esta fuerza hubo coronado una loma, en cuya parte superior había una pequeña casa de guano, en la que se encontraban refugiados cuatro rebeldes, que al verse sorprendidos por la tropa, corrieron con tanta velocidad, que llegaron con la rapidez vertiginosa de un rayo a la orilla de la manigua, donde desaparecieron, no sin antes dejar uno de ellos varios cartuchos y un estandarte del Partido Independiente de Color, barrio de Casisey Arriba.

De las lomas que rodeaban el camino salían multitud de disparos de los alzados, y por todas partes las fuerzas del comandante Castillo escuchaban tiros.

Otra orden hizo que la Compañía del Capitán Navarro con el Teniente Ramos avanzara sobre el lugar llamado Alto de Boquerón, con objeto de evitar la retirada del enemigo; estas fuerzas fueron hostilizadas durante todo el camino por los pequeños grupos de rebeldes que creyeron imposible que una columna se atreviera a correr la aventura de entrar en aquellos estratégicos lugares, pues todos recordaban que durante la guerra de Independencia, todas las fuerzas españolas que intentaban entrar en Boquerón desistían de su empeño, después de horas enteras de lucha, llevándose siempre gran número de bajas.

El tiroteo arreciaba. Los soldados, tendidos a la larga en el suelo, disparaban con sus magníficas armas sobre los lugares de donde se veía salir el humo, producido por los disparos de los alzados. Había ocasiones en que el fuego cesaba durante breves momentos, y entonces se percibía con toda claridad la voz de los rebeldes que gritaban: ¡Abajo la Ley Morúa! ¡Vengan para aquí, c...! ¡al machete! y el fuego se reanudaba con la particularidad de que las tropas leales, a medida que iban disparando sus armas, avanzaban de 80 a 100 metros sobre las posiciones ocupadas por el enemigo, para lo que tenían que subir empinadas lomas, que a simple vista parecía imposible que los hombres pudieran escalarlas. Pero nuestros soldados, con sus oficiales a la cabeza, corrían sobre las bocas de las armas enemigas, disparando al propio tiempo las suyas, cuyas balas hacían un efecto desastroso, mermando las filas rebeldes.

Mientras el fuego arreciaba, en la entrada de Boquerón, Eugenio Lacoste, «El Tullido», abandonaba su casa del cafetal Dios y ayuda, siguiendo con ocho hombres que lo llevaban cargado por el camino de las lomas Felicidad rumbo al Guayabal de Yateras, donde debía días después ser capturado con su consentimiento, por las mismas fuerzas del comandante Castillo.

La Compañía que mandaba el Capitán Almeyda había sostenido fuego con los insurrectos al tratar de retirarse estos por la parte en que la tropa se encontraba, y la caballería, flanqueando los caminos, protegía el avance de la infantería. El fuego de los alzados iba poco a poco apagándose, y momentos después la corneta volvía a dejar oir sus notas bélicas, ordenando ¡alto el fuego! Prueba evidente de que la victoria había coronado el esfuerzo de los soldados.

Ya no se sentían tiros, sólo se escuchaba el clamor de los soldados que en lo alto de las lomas, ocupadas dos horas antes por los rebeldes, gritaban alegremente, celebrando con alborozo el triunfo alcanzado.

Todos descansaron un rato reuniéndose poco después en el cafetal Dios y ayuda, donde acamparon las fuerzas, ordenándose pasar lista para saber quiénes faltaban. Comenzada esta operación, todos los soldados respondían gozosos con un ¡aquí!, cuando se les nombraba.

Terminada la lista, pudo comprobarse que nadie faltaba, que las balas de los alzados no habían hecho heridos, y esta noticia fue recibida con tanto gozo por todos los soldados, que estos se abrazaban y pedían a sus oficiales perseguir a los alzados, para reanudar así el combate.

Aquel día se sirvió un almuerzo que a todos pareció suculento, la alegría reinó en todo el campamento y a la mañana siguiente, 30 hombres de infantería al mando del valeroso oficial Estévez hicieron un minucioso reconocimiento por los lugares donde el día anterior se había librado la batalla, encontrando 12 muertos y gran número de charcos de sangre.

Una orden llegada de Guantánamo hizo que la columna regresara a esa ciudad, y al siguiente día entraba en ella, donde permaneció dos días descansando. Bien se lo merecían aquellos bravos soldados que supieron tomar al enemigo posiciones que siempre fueron creídas inexpugnables por todos que las conocían.

## VIII.

## Imprevisión

Son tantos y de índole tan diversa los asuntos de que puede tratar un periodista profesional que tenga la suerte de hallarse en estos momentos en la bella y hospitalaria Santiago, que al poner manos a la obra de confeccionar, de prisa y corriendo, como por lo común se hacen estos trabajos, una correspondencia, se siente uno perplejo, sin saber por dónde empezar ni a qué temas dar la preferencia.

Así, por ejemplo, yo daría cualquier cosa por estar dotado del inapreciable don de condensar en el espacio de ocho o diez cuartillas todas mis impresiones, las buenas lo mismo que las malas, y referir las mil y una peripecias que me han ocurrido, desde el último abrazo que me dió Hernández Guzmán en el andén de Villanueva, hasta el último timbrazo inútil que acabo de dar para que me traigan una pluma algo más digna de su nombre que este horrible mocho de escoba que me facilitaron en la carpeta del hotel en que me hospedo.

Santiago de Cuba, destinada, por lo visto, a sufrir todos los rigores de las campañas militares que se libran en nuestra patria, ofrece en estos momentos el extraño aspecto de un vasto campamento, y raro es encontrar por calles y paseos un hombre que no vista de uniforme.

Y no vaya a creerse que me refiero a los uniformes de la Rural o el Permanente, los cuales (dicho sea en honor de nuestro ejército regular) no son los que más abundan, por la sencilla razón de que casi todas las tropas están en operaciones.

Los uniformados que pululan por estas pintorescas calles (que más que otra cosa parecen montañas rusas de asfalto) son los milicianos –la «Guardia Blanca» Oriental–, unos soldados que han abandonado los libros, las oficinas, los talleres, el hogar tranquilo y venturoso, para empuñar el rifle; soldados improvisados que merecen bien de la patria, y que tanto por los valiosísimos servicios que prestan, como por la compostura, disciplina y seriedad de que hacen gala, se confunden con los militares de profesión.

El Ejército, por su parte, ha demostrado hasta la saciedad que no tiene superior en el mundo; y si sufridos, heroicos e incansables son los soldados, brillante y digna de encomio es la oficialidad.

Pero yo no he venido a Oriente para fungir de monigote y por lo tanto paréceme oportuno echar a un lado el incensario, para entregarme a la inefable tarea de criticar.

¿A quién, a quiénes? ¡Qué sé yo! A nadie en concreto y a todos en conjunto... a ti, lector querido, a mí, a todos, en fin, los que tenemos el honor de haber nacido en esta tierra y ser miembros de una raza llena de virtudes, pero desgraciadamente no exenta de defectos, entre los cuales ninguno está a mi juicio tan arraigado como el de la falta de previsión.

Es doloroso tener que confesarlo, pero ¿qué le vamos a hacer? Los cubanos, como nuestros excelentes papás los españoles, somos muy poco prácticos; y esta es la causa de que nos pasemos la vida haciendo todo menos aquello precisamente que debiéramos hacer.

Ese optimismo exagerado que nos ciega, impidiéndonos ver las cosas bajo su verdadero aspecto, ha sido y es la causa principal de casi todos nuestros males; y del mismo modo que los españoles perdieron su imperio colonial, sus soldados, sus buques, sus millones y cuanto tenían que perder, por haberse obstinado en no prestar atención a las reiteradas advertencias que se les hacían, nosotros, sus hijos, no hacemos más que salir de una situación difícil, para caer en otra. Y todo, ¿por qué?: pues, porque lo mismo que ellos, no queremos, o no sabemos interpretar las señales de los tiempos.

No creo que sea este el momento de depurar hechos para fijar responsabilidades, y no seré yo por cierto quien tal haga, con tanto mayor motivo cuanto que sinceramente creo, como ya dije, que la culpa de cuanto en estos momentos ocurre no puede en justicia atribuírsele a nadie.

Todo obedece... ¡bueno!, *¡chi lo sa!* a que somos así; trátase de una causa ingénita, y hasta cierto punto somos irresponsables.

El convulsionismo –nadie lo ignora– es el más terrible de los males morales que nos aquejan; y lógico y natural sería que mostrásemos empeño en hacerlo desaparecer y en impedir sus brotes.

Por desgracia, hacemos todo lo contrario, y en no pocas ocasiones tal parece que nuestra única misión sobre la tierra consiste en estimular a los revoltosos.

El actual levantamiento de Estenoz, que es (aunque los espíritus pusilánimes lo nieguen) una revolución de negros contra blancos, ha sido posible y casi, casi hasta de fácil realización, porque no hay un solo cubano que no esté plenamente convencido de que en este desgraciado país, el medio más seguro de encumbrarse y obtener lo que se quiere consiste en apelar a la violencia y amenazar. Si una vez constituida la República se hubiera castigado sin misericordia al primero que intentó sublevarse contra los poderes constituídos, el convulsionismo, que aquí como en todas partes es tan fácil de intimidar como difícil de someter una vez que ha estallado, no habría tomado el incremento que hoy tiene, por la sencillísima razón de que todo el mundo, antes de lanzarse a peligrosas aventuras, lo pensaría mucho, por temor a las poco agradables consecuencias que sus diabluras podrían acarrearle.

Son muy numerosos los ejemplos que pueden citarse; pero quiero –al menos por el momento– concretarme al caso de Estenoz. Este sujeto, hombre de escasa mentalidad y que ni siquiera gozaba de prestigio entre los de su clase, ha conseguido llegar hasta donde ha llegado merced a los miramientos y consideraciones que con él se tuvieron y a la importancia que se le dió a raíz de haber iniciado su propaganda racista. Fracasado en aquella ocasión, el gobierno pudo haberse servido de él para hacer un saludable escarmiento, que por lo menos hubiera alejado durante algún tiempo el conflicto en que hoy nos vemos envueltos. En lugar de proceder en la forma indicada, Estenoz, que no era después de todo más que un pobre diablo, se encontró convertido de la noche a la mañana, y sin que él mismo, tal vez, pudiera explicarse la metamorfosis, en todo un personaje ilustre, al que se rendía la innoble pleitesía del miedo, y el resultado fue que él y los suyos, al darse cuenta de que se les temía, cobrasen nuevos bríos y se mostraran cada vez más audaces y decididos, hasta el extremo de no ocultarse ya para conspirar contra los blancos, es decir, contra la inmensa mayoría de los habitantes de la isla.

En Oriente, sobre todo, los trabajos de Lacoste, Estenoz, Ivonet y otros apóstoles del racismo se realizaban a pleno sol, en la plaza pública, en medio de la calle: todo el mundo estaba perfectamente enterado de lo que ocurría, y es de suponerse que el gobierno central y las autoridades locales también lo sabían.

Esto no obstante, nada, absolutamente nada se hizo para impedir el golpe; los cuarenta millones de cuerpos de policía (todos inútiles y ridículos) que padecemos, aprovecharon la ocasión para dar una nueva prueba de su incompetencia, y los hombres encargados de velar por el sosiego público no se creyeron obligados a mover un solo soldado del campamento de Columbia hasta que los perturbadores de la paz habían encontrado seguro albergue en las abruptas serranías orientales.

Eso sí; tan pronto como quedó comprobado que se habían presentado partidas de negros armados en diversos lugares de la República, empezaron a rodar cañones y a desfilar regimientos; medida tardía y no siempre eficaz, cuando se trata de países sólo independientes y soberanos a medias, cuyos tutores no suelen proceder con esos miramientos que en la práctica del derecho internacional sólo se guardan entre sí los estados que mutuamente se temen y respetan.

Yo no dudo (¡líbreme Dios de ello!) que nuestro ejército, tan bello, tan brillante y tan sabiamente adiestrado, sea capaz de aplastar en plazo más o menos largo la criminal revolución que hoy nos aflige; pero estoy firmemente convencido de que más eficaz que los combates heroicos y las victorias gloriosas hubiera sido un golpe policíaco, dado algunos días antes del levantamiento.

Bien es verdad que aun en el supuesto de que Estenoz y los suyos hubieran caído en poder de las autoridades, es más que probable que nada desagradable les habría ocurrido, sino todo lo contrario. Hay, por lo menos, motivos para pensar así, teniendo en cuenta los hechos pasados.

IX.

EL IMPERIO DE LA CONVULSIÓN


SAN LUIS, JUNIO 1

Después de haber hecho largos recorridos por esta comarca, que se encuentra completamente infestada de alzados, y de haber tenido oportunidad de hablar con varios de ellos acogidos a la legalidad, he podido formar un juicio aproximado de la verdadera situación de esta rica zona, que tan desolada se encuentra, con motivo de los actuales acontecimientos.

Al principio, nadie le concedió por aquí gran importancia al alzamiento; pero apenas comenzaron a llegar noticias alarmantes, los que viven a distancia de las poblaciones se pasaban el día en estas, ávidos de saber las últimas noticias del movimiento y llenos de una gran incertidumbre, pues luchaban entre la idea de abandonar sus bohíos, con sus animales y sus siembras, o aguardar en el campo la terminación de este movimiento. Pero como las noticias eran cada vez más alarmantes, esto produjo en todos los *montunos* el efecto más desastroso, y comenzaron a llegar a las poblaciones carretas cargadas de muebles, gallinas y frutos, y a los destacamentos de la Guardia Rural venían los hombres con sus caballos a ofrecerlos al Gobierno, antes que las hordas de alzados se apoderasen de ellos. Y daba pena ver como aquellos hombres elogiaban sus respectivas cabalgaduras, para que les fuese abonado mejor precio, haciendo cada uno la historia de su jamelgo, y recordando los trabajos y penalidades que tuvo que pasar para adquirirlo. De las bodegas situadas en los lugares lejanos de los pueblos también llegaban las carretas cargadas de mercancías, para depositarlas en lugares seguros donde no alcanzaran los vales del llamado «Ejército Reivindicador». Los viajantes de casas comerciales venían a exigir el saldo de sus cuentas a los establecimientos, y la desconfianza se entronizó en todas partes.

He departido con varios alzados, de los que se han presentado a las autoridades, los que me han referido la vida, no muy tranquila, que se hace en sus campamentos. Por la mañana muy temprano se toca diana y se procede a repartir las guardias de avanzadas y centinelas, lo que es motivo para que se originen serios disgustos, pues como es muy extraño encontrar entre ellos un soldado, ya que casi todos tienen elevada jerarquía militar, no se conforma un comandante con hacer centinela o estar tres horas sobre un árbol en las avanzadas vigilando al enemigo.

Por otra parte, es tal el desarrollo del instinto de conservación entre los revoltosos, que sus avanzadas las ponen a cuatro leguas de sus campamentos, con el fin de que, caso de ser atacados, tener tiempo suficiente para ponerse a prudencial distancia de las fuerzas del ejército.

Terminada esta operación, que por lo regular siempre finaliza con escenas violentas, se dedican a «forragear», lo que significa procurarse cada cual sus alimentos para el día, en cuya labor no reparan en medios, pues lo mismo saquean una bodega, que le roban a un campesino todas sus aves de corral. Así transcurren las horas hasta la caída de la tarde, en que se entregan al baile africano conocido por el «maní», y entregados a esa salvaje expansión, llena de movimientos lúbricos, están hasta muy entrada la noche.

Duermen casi todos en el suelo, cubiertos con un par de yaguas, y las mujeres van a los bohíos cercanos al campamento con sus chiquillos. Muchas de ellas llevan al cinto enormes machetes «paraguayos», y su aspecto resulta entre cómico y repulsivo.

El predominio sobre una de estas mujeres ha costado en distintas ocasiones derramar mucha sangre, pues los Jefes que no tienen «costilla», quieren a toda costa conseguir una «mitad», aunque esta sea ajena.

Los espías están en todas partes. No es extraño, cuando un grupo de oficiales del ejército se encuentra hablando sobre estos sucesos, ver a un negro que disimuladamente escucha, ni observar que en los alrededores del Cuartel de la Rural se encuentran tipos sospechosos que se fijan en todo y todo lo escudriñan. Frente al mismo cuartel hay un caserón que durante el día está repleto de hombres negros y por la noche sólo se ven en él mujeres. Raro es el día en que no se hagan varias detenciones de estos confidentes, a muchos de los cuales se les han encontrado documentos comprometedores. Todos los detenidos son enviados a Santiago de Cuba a disposición del Juez Especial, que instruye esa causa. Cuando las tropas salen a operaciones, no es raro ver en muchas casas a las mujeres que allí hay –pues los hombres no abundan– lanzar miradas impregnadas de odio, y hasta se da el caso frecuente de que al pasar las tropas cierran las puertas en señal de desprecio.

Es algo que ha prendido demasiado en el corazón de los ignorantes esta cuestión de alzamientos, para desgracia de Cuba, y no es muy difícil, como ha quedado demostrado con este levantamiento, el reunir varios centenares de desdichados que se lancen a locas aventuras, aunque estas sean tan peligrosas para la patria como la actual.

Por donde quiera que pasan Estenoz e Ivonet, siembran la alarma entre los negros que encuentran pues les dicen que el ejército viene siguiéndoles y mata a todos los negros que halla en su camino. Esta falsa alarma les dió excelentes resultados en un principio, puesto que la mayor parte de los negros campesinos, a los cuales importa muy poco lo de la Ley Morúa, se apresuraron a engrosar las filas rebeldes. Otros, estos están en gran mayoría, fueron con el santo propósito de apropiarse de lo ajeno o de vengarse de sus enemigos, lo que podían lograr con absoluta impunidad para sus criminales fechorías.

Aunque parezca una paradoja, también hay blancos «Independientes de Color». Estos resultan aun más criminales que los negros, puesto que su intervención en este asunto es puramente viciosa, aunque hay muchos casos en que el principal móvil del alzamiento es el caballo, pues antes de consentir que les quiten sus rocinantes, acompañan a los alzados, exponiéndose a las consecuencias.

No pasa un día sin que alguna persona se acerque al general Mendieta y le haga saber que partidas de miles de hombres alzados se encuentran rodeando su finca y que han amenazado quemarla; otros que han visto 500 hombres armados hasta los dientes, que se encontraban esperando el paso de un tren, y cuando se ordena la salida de un escuadrón para el lugar en que se ha dicho que estaba la tal partida, resulta que no se ha visto a nadie y que todo se encuentra en absoluta tranquilidad. Hace dos noches, el dueño del ingenio Hatillo decía por teléfono al general Mendieta que más de mil hombres rodeaban su finca, y al llamar el general al capitán jefe del destacamento de ese ingenio y preguntarle lo que hubiera de cierto en lo dicho por el propietario de la finca, aquel militar respondió que era inexacto, toda vez que sólo había tenido unos cuantos tiros con una pequeña partida que merodeaba por aquellos lugares.

Así se hinchan todas las cosas por aquí.

Por las lomas que rodean los pueblos de Songo y La Maya, hay una clase de negros que sólo pueden compararse con los que hacen la vida primitiva en medio de las espesuras de las selvas africanas. Van enredados en unos rosarios, cuyas cuentas son de múltiples colores, y se pasan la vida consultando si las balas del ejército les harán daño, para lo cual suspenden en el aire una punta del rosario, y si el viento empuja este a la derecha, las balas los respetarán; mas si es al contrario, castigan sus cuerpos para ganar indulgencia, pues los proyectiles pueden alcanzarles.

Debe ser curioso ver a un regimiento de esos fanáticos, entregados a consultar sobre el destino de sus vidas.

Cuando estábamos al pie de la loma de La Gloria, y antes de haberse recibido el telegrama del general Monteagudo, el general Mendieta me confesó que aquella posición estaba ocupada por más de 2.000 hombres armados, sin contar los desarmados, que sumaban un crecido número. Más tarde, cuando el combate en la finca Mayala, a dos leguas del ingenio Hatillo, me dijo que allí habían unos 1.000 hombres al mando de los cabecillas Zapata y Parada, y el grupo de *Tito* Fernández, al cual, si bien no me han dicho oficialmente nada, calcúlansele unos 800 hombres. Esto sin contar gran número de partiditas de doscientos, cien y cincuenta hombres, que merodean por diversos lugares de esta región. Hablando con el Jefe de Estado Mayor, teniente coronel Varona, me ha dicho que esos grupos no tienen ninguna importancia, desde el punto de vista militar, toda vez que una columna de 100 hombres, entre caballería e infantería, puede batirse con una de esas partidas, por numerosa que sea.

En el combate librado en la mañana del día 30 del pasado, pude observar el excelente ánimo de los soldados ante el enemigo. Cada vez que una granada explotaba sobre un grupo de alzados, producía un entusiasmo extraordinario, no sólo entre los soldados que servían las piezas, sino entre los de infantería y caballería, todos los cuales daban saltos y lanzaban interjecciones saludando el desastroso efecto que la metralla producía en las filas rebeldes.

También participaban de esas explosiones espontáneas de entusiasmo los oficiales, muchos de los cuales pedían permiso al general Mendieta para desalojar con la caballería a sus órdenes el campamento enemigo.

El triunfo hacía que por un momento se identificasen desde el general Mendieta, que sereno y reflexivo, daba órdenes, hasta el último soldado que hacía funcionar una ametralladora y se animaba cuando veía que a sus disparos caían muertos o heridos los enemigos de la paz.

Llegó la hora del reconocimiento, y todos querían ir; pero el general Mendieta, que no se deja impresionar, no consintió en ello, autorizando a su ayudante el teniente Carrerá y al teniente veterinario Federico Cagigal para que acompañasen a las fuerzas del capitán Castillo en el reconocimiento.

Un detalle que no se me pudo escapar fue que los soldados que con más ahínco trabajaban y más esfuerzos hacían eran los pertenecientes a la raza de color. Y es que ellos no se consideran más que servidores de la patria, teniendo verdadero amor por el ejército y dentro de este por su compañía o escuadrón. Así se explica que en lo más reñido del combate se les oyera gritar: ¡Arriba el Escuadrón M! ¡Viva la Tercera Batería!

Muchos oficiales se me han acercado para pedirme que recuerde por estas líneas a las Cámaras que el Ejército de Cuba es el único en el mundo que no tiene Montepío, y que cuando un oficial muere, deja en la miseria a su esposa e hijos.

La edición extraordinaria de la *Gaceta Oficial*, que inserta la Alocución del señor Presidente, es repartida profusamente y circula mucho entre todos los elementos.

# X.

# El combate de Yarayabo[1]

San Luis, Oriente, mayo 30, a las 2 y 10 tarde.

En este momento regreso del ingenio Hatillo, en las inmediaciones del cual se ha librado en las primeras horas de la mañana de hoy un sangriento combate. La columna del general Mendieta ha obtenido un triunfo completo, y los alzados, batidos en toda la línea, y destrozados por la metralla y el shrapnell, se han desbandado en distintas direcciones, después de alfombrar de cadáveres el campo.

He tenido el privilegio de asistir a tan glorioso hecho de armas, y no obstante la intensa emoción que sentía (no hay que olvidar que se trataba de mi bautismo de fuego) momentos hubo en que participé del ardor y el entusiasmo que dominaba a nuestros sufridos y valientes soldados, que firmes y serenos bajo las balas, atacaban con heroísmo al enemigo, a los gritos de ¡Viva el Ejército!, ¡Viva la Paz!, ¡Viva la República!

---

[1] El combate de Yarayabo, primero de importancia que se libró en la contienda racista, ha sido objeto de los más vivos y encontrados comentarios. Nosotros, testigos presenciales de tan brillante acción, lo reproducimos en la misma forma en que apareció publicado en *La Prensa*, de La Habana; y al hacerlo reiteramos nuestra felicitación más calurosa y sincera al bravo general Mendieta y a los brillantes oficiales y abnegados soldados que combatieron a sus órdenes aquel día.

El general Mendieta se ha revelado a mis ojos como un militar de relevantes dotes, y al mismo tiempo como un valeroso capitán, acostumbrado a mirar con desprecio la muerte; los oficiales a sus órdenes han estado admirables, y de los soldados todo cuanto yo pudiera decir resultaría pálido. Todos, sin una sola excepción, se han conducido con heroismo, y especialmente los pertenecientes a la raza de color. A estos había que refrenarlos, pues arrastrados por su ardor, querían a cada instante lanzarse a la bayoneta sobre las posiciones enemigas, para castigar con sus propias manos a los malos cubanos que han levantado la maldita bandera del racismo.

A la una de la madrugada salió sigilosamente de San Luis la columna Mendieta, compuesta de ciento ochenta hombres de caballería y el escuadrón del capitán Castillo, desmontado, siendo esto necesario por no disponerse de infantería, por estar casi todas las fuerzas de esta arma, prestando servicios de guarnición en las fincas pertenecientes a ciudadanos extranjeros. Llevábamos además dos ametralladoras, al mando del capitán Fernández, y dos piezas de artillería de montaña, a cargo del capitán Chomat, y los tenientes Pereda y Acosta.

La marcha fue penosísima, pues los caminos, reblandecidos por la incesante lluvia, estaban intransitables, y en muchos parajes las mulas de la artillería se hundían en el fango hasta las barrigueras.

Poco antes de las cinco, y sin experimentar el menor tropiezo, llegó nuestra descubierta a terrenos de la finca Yarayabo, a unos dos kilómetros del ingenio Hatillo, y en ese momento se sintieron los primeros disparos hechos por los exploradores de la columna, al tropezar con una de las avanzadas rebeldes, que fue pronto rechazada sobre el núcleo principal del enemigo, que se hallaba situado, ocupando fuertes posiciones, en la finca La Majagua.

Después de las primeras escaramuzas de vanguardia, el general Mendieta efectuó un minucioso reconocimiento de las líneas contrarias, en el cual le acompañé, y me manifestó que las partidas que teníamos enfrente sumaban, en conjunto, unos mil y pico de hombres.

Este cálculo del jefe de las tropas ha sido posteriormente corroborado, y ahora, en posesión de datos fidedignos, puedo asegurar que los alzados, cuya fuerza ascendía al número expresado, estaban mandados por los titulados generales Zapata y Pitillí.

El general Mendieta ordenó inmediatamente que entrase en juego la artillería; se dieron las órdenes oportunas, y con rapidez y precisión maravillosas las dos ametralladoras y los dos cañones de montaña fueron puestos en batería, y a las cinco en punto de la mañana rompieron simultáneamente el fuego, mientras que los soldados avanzaban en orden de batalla, atronando el espacio con sus gritos de ¡Viva la República!

El espectáculo era imponente, y capaz de conmover al hombre menos sensible.

Después de los primeros disparos, y tan pronto como los artilleros afinaron la puntería y fijaron matemáticamente las distancias, empezó a notarse que la metralla producía sus efectos; los núcleos rebeldes desaparecían como bloques de hielo derretidos por el sol, y cada vez que las piezas de montaña hacían caer en sus filas una granada de shrapnell, que estallaba con terrible estrépito, veíamos rodar por tierra jinetes y caballos en confusión espantosa.

Los alzados, que no esperaban sin duda el aguacero de proyectiles explosivos que caía sobre ellos, trataron de correrse a otra posición situada algo a retaguardia de la que en un principio ocupaban; pero allí también les alcanzaron el shrapnell y la metralla; y yo, que no perdí el menor detalle de la acción, puedo afirmar que la artillería cubana es irresistible, que la fijeza de sus disparos es asombrosa, y que los oficiales americanos que sirvieron de instructores a nuestros artilleros pueden sentirse orgullosos de sus discípulos.

Indudablemente que los cabecillas rebeldes se dieron cuenta de que permaneciendo en el sitio en que habían colocado sus líneas de fuego, serían aniquilados, por lo cual, y haciendo un esfuerzo desesperado, decidieron arrostrarlo todo y cambiar su frente de batalla, para venir a situarse sobre el flanco derecho de la columna.

Para ejecutar esta maniobra, los principales grupos rebeldes tuvieron que desfilar precisamente por delante de las cuatro piezas que vomitaban sobre ellos torrentes de metralla, y las bajas que sufrieron entonces fueron enormes.

De repente, y como para cerrar con broche de oro la jornada, el general Mendieta ordenó que las fuerzas del capitán Castillo, dando un rodeo, fueran a ocupar una posición situada a nuestra derecha, es decir, a la izquierda de los rebeldes, y precisamente hacia el sitio que estos intentaban ocupar. Las tropas de Castillo, llenas de arrojo y entusiasmo, ejecutaron brillantemente el movimiento, y apareciendo de improviso sobre unas lomas, acribillaron el campamento de los alzados con un nutrido fuego de fusilería.

En ese momento la corneta de la Guardia Rural tocó ¡A degüello! y el sargento Larrea, con guardias a sus órdenes, se lanzó a la carga, apoyado por el capitán Castillo y los tenientes Cajigas y Carrerá.

No aguardaron los rebeldes este ataque, y aunque algunos grupos trataron de hacerse fuertes en un guayabal colindante, pronto fueron desalojados de allí, después de un vivísimo tiroteo.

Yo, para no perder ningún pormenor de esta última etapa del combate, puse mi caballo al galope y corrí con los rurales, que al grito de ¡Al machete! barrían a los últimos alzados.

Los núcleos principales, al tratar de retirarse con dirección al ingenio Hatillo fueron atacados fieramente por una compañía de infantería, destacada allí para defender dicha finca, y viéndose acosados por todas partes tuvieron que huir en todas direcciones, refugiándose en los espesos montes, donde fueron perseguidos durante algún tiempo.

Supongo que el enemigo ha sufrido enormes bajas.

El campo está sembrado de cadáveres mutilados por las granadas de la artillería.

Tan pronto como cesó el fuego, avanzó la columna hasta el batey del ingenio Hatillo, donde el general Mendieta ordenó hacer alto para tomar el desayuno, que buena falta nos hacía. Apenas habíamos probado algunos bocados, cuando dos o tres partidas aparecieron a distancia y trataron de hostilizar nuestro campamento, pero las dos piezas de montaña les lanzaron veinte granadas y las ametralladoras, que fueron situadas en lo alto del trasbordador de caña, completaron con sus certeros disparos la dispersión de esos grupos que a juicio de todos habían regresado al lugar de la acción con el propósito de llevarse sus muertos y heridos, que habían dejado abandonados.

La artillería, en conjunto, disparó setenta granadas y cuatrocientos tiros de metralla.

El general Mendieta sale esta noche para Santiago de Cuba, a donde ha sido llamado por el general Monteagudo, para celebrar una conferencia y acordar el nuevo plan de campaña.

El general ha sido muy felicitado por su espléndido triunfo.

XI.

A TRAVÉS DE LA ZONA INFESTADA

Cualquier pasajero que emprenda viaje a Guantánamo, por los preparativos y despedidas que se le hacen, parece que va a un país de donde sólo por pura casualidad se regresa. Tales son las muestras de tristeza de los que le acompañan al tren, y los lastimeros «ayes» y «adioses» que se le dirigen.

El motivo no es otro que los peligros que hay en esa línea, pues los trenes que por ella circulan ya han sido tiroteados varias veces por los feroces alzados y algunas de sus estaciones quemadas por los mismos pues se trata precisamente de la zona en que más abundan las partidas levantadas en armas.

Con gran retraso salimos de San Luis, a causa de que la comunicación telegráfica de la Empresa del ferrocarril se encontraba interrumpida hasta Alto Cedro, ignorándose si la vía estaba expedita. A las cuatro y treinta y cinco minutos el tren se puso en marcha, deteniéndose en todas las estaciones sin que nada anormal ocurriera. Al llegar a Bayate nos enteramos de que los alzados habían quemado la estación y el caserío de Carreta Larga.

El pequeño poblado de Bayate se encontraba custodiado por unos cincuenta hombres pertenecientes al ejército americano los cuales estaban acampados en la caseta de una báscula de caña en donde tenían extendidos sus catres de campaña con sus mosquiteros correspondientes.

## En Carrera Larga

Mucho antes de llegar a lo que fue Carrera Larga ya se divisaba un vivo resplandor que a medida que el convoy se iba aproximando, se convertía en enorme llamarada. Se detuvo el tren y desde el vagón en que viajaba se percibía fuerte calor producido por el incendio de la estación que aun se encontraba ardiendo.

En ese paradero subió al tren un gran contingente de pasajeros de los cuales ninguno traía ni un solo bulto de equipaje. Me aproximé después que el tren hubo partido, a uno de los que acababan de subir al convoy, y a mis preguntas me relató lo ocurrido en los términos siguientes:

A la 1 y 20 de esta tarde se encontraban todos los tranquilos habitantes de este pequeño pueblo ocupados en sus habituales tareas, cuando se oyeron gritos por la parte llamada «El Palmar». Nadie al principio creyó lo que momentos después habían de presenciar. Un grupo compuesto por unos ciento cincuenta hombres, entró en el poblado a los gritos de «¡viva el Partido Independiente! ¡vivan los negros!», produciendo entre los pacíficos vecinos enorme pánico, el que fue en aumento al ver la primera acción de los asaltantes, que fue impregnar con petróleo la estación del ferrocarril, incendiándola después. El telegrafista, que trató de sacar varios muebles de su propiedad fue maltratado por los facciosos, que le propinaron planazos con sus paraguayos. Mientras ardía la estación del ferrocarril, los asaltantes se encaminaron a varios establecimientos, saqueándolos; y después les pegaban fuego por los cuatro costados. La misma suerte corrieron las casas de los blancos: todas fueron asaltadas y robadas y el cabecilla que mandaba los foragidos hubo de amenazar a un joven que se encontraba en la tienda de Fernando Campo, diciéndole que por cada negro que cayese ellos «arreglarían» a dos blancos. Después este cabecilla, que dicen nombrarse Ducauron, ordenó y así se hizo, que fuera incendiada una báscula de pesar caña allí instalada. Terminada esta operación, un corneta dejó oir un toque muy breve que fue la señal de retirada. Todos a una abandonaron la población, no sin llevarse catorce cerdos de una pobre mujer, que estaban en un corral, dispuestos para ser embarcados.

La única bodega que respetaron los rebeldes fue la de Marcelino Gómez, que según se decía en el pueblo había dado a los alzados trescientos pesos para que le fuera respetada su propiedad.

No habían transcurrido quince minutos desde que los alzados abandonaron la población, cuando llegó un escuadrón de la guardia rural, el cual se disponía a perseguir a los incendiarios en momentos en que llegaba un tren conduciendo cien hombres de artillería de costas. A uno de los rurales hubo de escapársele un tiro, y la fuerza que venía en el tren–creyéndose atacada–se lanzó del coche y a no ser por haberse adelantado el capitán del escuadrón y advertido a los del tren que era fuerza leal, se hubiera tenido que lamentar una funesta desgracia.

La caballería salió en persecución de los foragidos, regresando al lugar de partida los cien hombres de la artillería. Los independientes siguieron en dirección a las lomas, quemando todas las casas que encontraban a su paso, entre ellas el pequeño poblado de Benito, donde después de emborracharse en las tres cantinas que allí existían, les hicieron correr la misma suerte que al resto de las casas.

Ahora, como puede usted ver, terminó mi comunicante, todos los que habitábamos en «Carrera Larga» y sus alrededores los abandonamos para ir a pasar miserias y penalidades a Guantánamo; pero en llegando allí, como si fuésemos uno, empuñaremos el rifle para vengarnos del inmenso daño que esos forajidos nos han causado.

Hablando en la noche de hoy con el coronel Carlos Machado, comandante militar de esta plaza, me manifestó que las fuerzas americanas que han desembarcado en esta población y que custodian las propiedades extranjeras, obran con la mayor prudencia en todos los casos, limitándose a custodiar los intereses de sus conciudadanos. También me hizo saber que en una reunión celebrada en la tarde de hoy, los veteranos de esta, en número de cuatrocientos, y sin distinción alguna de razas, le habían ofrecido su concurso, pidiéndole armas para salir a operaciones.

Es verdaderamente extraño lo que ocurre con los partidas alzadas en armas. Desaparecen como si la tierra las hubiera sepultado, perdiéndose el rastro de los núcleos más importantes, en los caminos, y de tarde en tarde un grupo incendia un indefenso poblado, o asalta una cantina; salen las tropas en su persecución y siguiendo la huella que sus caballos dejan en el lodo, llegan por lo regular a un lugar donde esas huellas se multiplican tomando distintas direcciones, y dejan indeciso y sin saber qué rumbo tomar al jefe de la columna. Todo esto hace que se prolongue este movimiento que tanto perjudica a Cuba.

Entre tanto la ley marcial ha sido promulgada y las medidas enérgicas por parte de las tropas hacen concebir esperanzas de que esta situación no ha de prolongarse mucho tiempo.

## XII.

## Cómo se presentó Lacoste

Eugenio Lacoste es un mulato, hijo de franceses, que se encuentra paralítico desde los 18 años de edad, contando en la actualidad unos cuarenta y cinco años.

Es hombre de regular cultura, y su influencia entre los negros de este término municipal es generalmente reconocida, pues en muchas ocasiones ha hecho triunfar en Guantánamo a los distintos partidos políticos a que ha pertenecido, trayendo a votar centenares de hombres que lo seguían ciegamente. En las últimas elecciones presidenciales fue uno de los más entusiastas defensores de la candidatura del General Gómez, procurándole gran cantidad de votos. Desde que comenzaron a propagarse las doctrinas del Partido Independiente de Color, fue Lacoste uno de los principales, si no el principal jefe del Partido, pues nada se hacía sin contar con su previa aprobación; dedicando a la propaganda del mismo todo su empeño y hasta su dinero, pues posee una mediana fortuna como dueño que es de una regular extensión de tierras sembradas de café en las inmediaciones de Guantánamo, que son conocidas con el nombre de Dios y ayuda.

Ya había salido días antes el comandante Rafael del Castillo en persecución de Lacoste, y seguramente lo hubiera capturado, si no hubiera recibido orden de regresar inmediatamente a Guantánamo, lo que motivó que el valiente comandante tuviera que aplazar todas las operaciones hasta su regreso.

El día 10 salió nuevamente el comandante Castillo en persecución de Lacoste, quien según confidencias se encontraba internado en Yateras, lugar que se encuentra en el centro de unas cordilleras de montañas inaccesibles, y al cual sólo puede llegarse dando enormes rodeos por infernales caminos.

Desde que la columna Castillo entró por el lugar llamado Boquerón, comenzó el tiroteo de los rebeldes. Estos, acostumbrados a que las columnas españolas cuando la guerra de Independencia, para atravesar aquellos caminos tenían que ir protegidas por el fuego de la artillería, se creían inexpugnables en aquellas fortalezas naturales, y sostuvieron largo rato el fuego; pero pronto abandonaron sus posiciones, entregándose una vez más a su sport favorito: correr para ponerse a prudencial distancia de las balas del ejército.

Durante todo el camino la columna Castillo fue hostilizada por pequeños grupos de alzados, que internados en el centro de los más fragosos montes disparaban sus armas sin que pudieran ser vistos. En más de una ocasión salieron a batir esas partidas pequeño núcleos de fuerzas, al mando de los tenientes Cruz, Estévez, Delgado, Sacramento, Baster y Betancourt, los cuales procuraban acercarse todo lo que era posible a las lomas en que las partidas tenían sus campamentos, y desde allí les hacían fuego, produciéndoles siempre algunas bajas.

También el pelotón de la Guardia Rural al mando del sargento Rizo y el cabo Fifí, prestó excelentes servicios, demostrando una resistencia y un valor extraordinarios.

☙

Hacía dos días que nos encontrábamos acampados en Guayabal de Yateras, célebre por sus indios y su café. Estábamos sobre el rastro de Lacoste, a quien ya se le habían capturado cuatro acémilas cargadas con víveres, medicinas y otros efectos. A todas horas del día y de la noche salían y entraban en nuestro campamento pelotones de infantería, los cuales se internaban en el monte repartidos en pequeños grupos, buscando al titulado Gobernador de Oriente Eugenio Lacoste. Tal era la activa persecución que se le hacía, que el día 14 recibió el comandante Castillo una esquela firmada por Lacoste, en la cual le manifestaba que estaba incondicionalmente a su disposición; comisionando entonces el comandante Castillo al teniente Estévez para que fuese a buscar al «Tullido», nombre por el cual se conoce generalmente a Lacoste, al lugar en que el que trajo el papel le indicara. Una hora después, y bajo torrencial aguacero, era conducido Lacoste, en una hamaca, atada a una vara y llevado en hombros por los soldados, a presencia del comandante Castillo, quien lo envió a una casa para que estuviera más cómodo. A Lacoste le acompañaban su esposa y una niña.

Al día siguiente muy de mañana emprendimos la marcha de regreso, convenciéndome una vez más del buen espíritu de nuestros soldados y de la resistencia que tienen, pues ninguno daba señales de fatiga, no obstante haber recorrido doce leguas en menos de diez horas.

※

A nuestra llegada a Jamaica, la entrada de la población se encontraba materialmente repleta de vecinos que llenos de curiosidad, preguntaban a los soldados «dónde venía el "tullío"». De todas las casas salían a verlo, y el pequeño pueblecito parecía que se encontraba de fiesta. La importante casa comercial «La Princesa», de González y Hnos., obsequió al comandante Castillo y oficiales con una suculenta comida, celebrando —según allí se decía— el comienzo de la paz, pues Lacoste era el que había armado el *revolico*.

Al igual que en Jamaica, la villa de Guantánamo estaba animadísima. Hubo necesidad de adoptar ciertas precauciones, pues corrían rumores, según pude enterarme después, de que iban a linchar a Lacoste, a su paso por las calles de la población.

El Cuartel de la Rural, a donde fue conducido Lacoste, estuvo todo el día rodeado de curiosos que deseaban verlo antes de que fuera trasladado a Santiago de Cuba.

Lacoste prestó declaración ante el comandante auditor de la Guardia Rural, señor Sardiñas, quien estuvo durante dos horas interrogándolo.

Ha producido tan buen efecto la captura de Lacoste, que el comandante Castillo ha sido muy agasajado, no sólo por sus compañeros, sino por los particulares y el Ayuntamiento, el cual dedicó una velada en su honor. El cuerpo de Bomberos obsequió con una recepción al valiente militar, que ha sabido con exquisito tacto atraerse la confianza y las simpatías de toda esta comarca, que vé en él a su heroico defensor.

Lacoste ha enviado varias cartas a las personas alzadas, recomendándoles vuelvan a la legalidad, pues la protesta armada ha degenerado en guerra y esta ha fracasado.

XIII.

LA ODISEA DE UN GALLEGO

Era Manuel Ferreiro un laborioso trabajador de las minas de Daiquirí, el cual poseía un carro y varias parejas de mulos, que ocupaba en el transporte de mineral, con lo que libraba la subsistencia holgadamente. Tenía, además, algunos ahorros, que le facilitarían en época no lejana realizar su sueño dorado: regresar a su país natal, para pasar el resto de sus días en una posición relativamente cómoda.

Pero al alzarse en armas los independientes de color y poner en práctica todos los recursos que el estar fuera de la ley les proporcionaba, un día acamparon las fuerzas de Ivonet por las inmediaciones de Daiquirí, y como consecuencia se llevaron todo lo que a su paso encontraron, inclusive las mulas del buen Ferreiro. Este, desesperado por el robo que acababan de hacerle, que constituía todo su caudal y la fuente de sus ingresos, no se resignó a perder sus animales y se dispuso a recuperarlos.

Al día siguiente tomó el camino del lugar por donde los alzados habían salido, y dos días después se encontró con una partida que utilizaba sus mulas como acémilas, para cargar los efectos procedentes de los saqueos de las bodegas y cantinas. Ferreiro rogó, suplicó y hasta llegó a amenazarles para que le entregaran sus mulos; pero todo fue inútil. El que fungía de jefe le dijo que para que sus mulas le fueran devueltas era preciso una orden del «mayor general» Ivonet, sin cuyo requisito nada lograría Ferreiro, que es hombre tenaz, decidió seguir en busca de Ivonet, acompañado de la partida. Entrada la noche, y en momentos que todo parecía encontrarse tranquilo y que todos se disponían a descansar de las fatigas del camino, tuvieron que desistir de su propósito, pues había llegado al campamento un confidente participando que fuerzas del gobierno venían a sorprenderlos, en vista de lo cual, el que mandaba aquella horda, ordenó rápida marcha para ponerse fuera de peligro.

Aquello produjo en Ferreiro deplorable efecto, puesto que de hecho se encontraba en idéntica situación legal que los alzados; y concibió la idea de retroceder lo andado, comunicándole su decisión al generá. Este, que no participó de la manera de pensar del galaico, le obligó a continuar con la partida.

Dos días consecutivos anduvo Ferreiro atravesando montes, durmiendo sobre yaguas en el suelo y pasando mil penalidades, hasta que al fin llegaron al campamento de Ivonet cerca del poblado de Yerba de Guinea. No perdió tiempo Ferreiro, y acto seguido encaminóse al lugar en que le habían dicho que se encontraba el «mayor general», exponiéndole su penosa situación al hallarse sin los mulos y rogándole que se los devolviera, pues ellos eran el producto de muchos años de trabajos y privaciones. Ivonet prometió devolvérselos, y Ferreiro, con la alegría natural del que logra su objeto, se disponía a buscarlos, cuando fue visto por un «coronel» que había sido su compañero de trabajo cuando aun no poseía los mulos, y trabajaba en la colocación de barrenos de dinamita para perforar las galerías de la mina.

Entregado Ferreiro a sus recuerdos de aquella época, fue llamado por el «general», quien le preguntó si sabía manejar los petardos de dinamita, a lo que respondió afirmativamente. Entonces Ivonet llamó a un tal Ducoureau, diciéndole: «Lleve al señor al lugar en que se encuentra acampada la "artillería" y dígale a Saborié que he nombrado a este blanco Jefe de la Artillería del Ejército Reivindicador».

Ferreiro quedó confuso, anonadado. ¿Jefe de artillería él, que no sabía ni qué forma tenía una granada, ni jamás había visto de cerca un cañón? No obstante, dirigióse con su acompañamiento sin replicar nada, y después de andar un trayecto como de cuatrocientos metros, llegaron al lugar en que la artillería se encontraba.

Ferreiro no cesaba de dirigir miradas a su alrededor, buscando los cañones que debía manejar; pero estos no parecían. Los tendrían escondidos o quizás para más seguridad los habrían enterrado, pensaba el nuevo jefe de artillería.

Al fin se le acercó Saborié, diciéndole: «Ahí tiene usted cuatro cajas de dinamita y una de fulminantes y mechas. Para cuidarlas tiene 20 hombres, y para su transporte cinco caballos. Hasta luego, coronel».

Ferreiro se estremeció. Le habían llamado «coronel», y esto le alegraba, al darle una dignidad con la que jamás había soñado, y por el momento llegó a tomar su papel en serio.

Examinó las cajas que contenían la dinamita, y dió algunas instrucciones a los hombres a sus órdenes.

Al caer la tarde la partida se puso en marcha, y Ferreiro sobre un caballejo, iba orgulloso al frente de su artillería, regalándose los oídos cada vez que lo llamaban «coronel».

Pero llegó un día en que, estando acampados en Jarahueca, las tropas al mando del coronel Valiente y el capitán Amiell batieron rudamente a la partida, y aquello fue un «sálvese quien pueda», por lo que Ferreiro decidió abandonar su alta jerarquía militar y volver otra vez a la legalidad, realizándolo dos días después a unas seis leguas de Guantánamo, y presentándose acto seguido a las autoridades militares de esta villa, a las cuales hizo el relato de su odisea.

Hoy Ferreiro goza de libertad, y ansía el momento de que estos sucesos terminen, para volver a su trabajo, con la esperanza de realizar sus doradas ilusiones.

## XIV.

## La noche trágica de La Maya

Santiago de Cuba, junio 2, 1912

Acabo de llegar a esta hermosa y patriótica ciudad, después de visitar La Maya, o hablando con más propiedad, el montón informe de humeantes ruinas que señala el sitio en que se levantó ese poblado, uno de los más bellos y pintorescos de esta región, que alguien, con mucho acierto, ha llamado «la Suiza Cubana».

Porque La Maya no existe ya; ha desaparecido devorada por las llamas entre torbellinos de humo y torrentes de lágrimas. Ha sido si nó la primera, la más importante víctima del criminal alzamiento, y sobre sus escombros, en medio del llanto de las mujeres y las maldiciones de los hombres, han jurado los cubanos guerra sin cuartel a los infames perpetradores del horrendo crimen, que deja en la miseria a tantos desgraciados.

Era ya tarde, más de las once de la noche, y yo me encontraba departiendo con un grupo de jóvenes oficiales en el cuartel de la Guardia Rural de San Luis, cuando se presentó un ordenanza, que traía un telegrama urgente para el General Pablo Mendieta.

Como este se había ya retirado a descansar, su Jefe de Estado Mayor, el Teniente Coronel Varona, rasgó el sobre, y tan pronto como se hubo enterado del contenido del despacho, se puso en pie de un salto y ordenó que le trajeran su caballo, partiendo inmediatamente a galope, acompañado del capitán García Vega.

Largo rato permanecieron ambos oficiales en las oficinas telegráficas, enviando y recibiendo mensajes, y durante ese tiempo, y a fuerza de preguntar, logré saber que una partida rebelde estaba incendiando el poblado de La Maya, y que se habían comunicado órdenes al comandante Julio Sanguily, que con su columna se hallaba en las inmediaciones de Songo, de acudir inmediatamente al pueblo atacado.

No tardó en aparecer en el horizonte un resplandor rojizo que fue poco a poco extendiéndose, y pronto enormes llamaradas nos indicaron con toda precisión el lugar en que se desarrollaba el sangriento drama.

«¡La Maya está ardiendo!», se gritaba por todas partes; y era desgarrador el espectáculo que ofrecían los pacíficos habitantes de San Luis, muchos de los cuales tienen parientes y amigos en el pueblo incendiado. Los infelices asaltaron la oficina del telégrafo, y con súplicas y amenazas pedían noticias de los seres queridos.

A las seis y diez de la mañana, y aprovechando el primer tren que parte de San Luis, salí con dirección a La Maya. En Dos Caminos, primera estación en que nos detuvimos, subieron al tren algunas familias, que, noticiosas de lo ocurrido en La Maya, se apresuraban a refugiarse en Santiago.

Después hizo una nueva parada el convoy en la estación de El Cristo, y allí se tomó mucho pasaje, particularmente mujeres, niños y norteamericanos.

En El Cristo cambié yo de tren, y pocos minutos después corría en dirección al destruido poblado.

Pocos eran los pasajeros que conmigo hacían el triste viaje, y hasta Songo fuí solo. En este pueblo subieron al vagón muchos viajeros, y pude observar que los vecinos del lugar hacían preparativos para abandonar sus hogares.

La población estaba alarmadísima.

Pocos minutos después de salir de Songo, el silbato de la locomotora nos indicó que nos aproximábamos a una estación. Pregunté al conductor, y me respondió que íbamos a llegar a La Maya.

Corrí a la plataforma delantera y traté de descubrir las casas del poblado; pero por más esfuerzos que hice no pude percibir ni una sola vivienda, ni nada que revelase la existencia de un lugar habitado.

Por fin, el tren se detuvo, y salté a tierra.

¡Qué horrible sensación! Aquel poblado tan bello, tan poético, con sus casitas blancas, todas iguales, cubiertas de techos de zinc, limpias y resplandeciente, que tan agradable impresión me causara pocos días antes, al pasar por allí con la columna del General Mendieta, había desaparecido, y sólo algunos montones de ruinas negras y humeantes, señalaban el sitio en que se alzó La Maya.

Las pocas casas que quedaban en pie estaban habitadas por familias pertenecientes a la raza negra. Por lo que hace a las casas de los blancos, todas habían sido destruídas, con una sola excepción, la ocupada por la farmacia «El Dispensario», que no ardio, probablemente, por su sólida construcción de mampostería y ladrillos.

En este sitio se hallaban reunidas casi todas las familias de la localidad; hombres, mujeres y niños, medio desnudos y que presentaban un aspecto de miseria y duelo imposible de expresar.

¡Qué terrible espectáculo! Yo he sentido a su vista nacer en mi corazón un insaciable deseo de venganza; y ahora, por vez primera, me explico que los soldados de Mendieta, en el combate de Yarayabo, lanzaran exclamaciones de júbilo, cada vez que una granada hacía volar en todas direcciones fragmentos de carne humana.

Todas las familias se trasladaron al tren, que resultaba pequeño para conducir a tanta gente, y yo me dediqué a recorrer las distintas calles del destruído caserío.

Algunos hombres a quienes encontré, se prestaron a facilitarme detalles del doloroso acontecimiento; y allá van los que he podido recoger. La pluma se resiste a describir ciertos sucesos, y hay momentos en que esta profesión de periodista, tan bella en otros aspectos, resulta una carga insoportable.

Serían las nueve y 25 de la noche, cuando se oyeron por el lado sur del poblado, repetidos disparos de rifle, que produjeron la consiguiente alarma en la población. Es de advertir que el lugar de donde partían las detonaciones, conocido con el nombre de «El Platanillo,» servía de campamento a una partida rebelde, a la que, durante la tarde, había salido a batir el capitán Cossío, quien al salir de La Maya, dejó encomendada la defensa del poblado, al cabo Angulo, de la Guardia Rural, con seis números.

Esta circunstancia hizo creer en los primeros momentos, que el fuego que se sentía provenía de alguna escaramuza que libraba con los rebeldes el citado capitán Cossío, y júzguese, pues, de la sorpresa de los defensores de La Maya, cuando súbitamente los alzados se presentaron por el extremo opuesto, atacando resueltamente el cuartel de la Rural.

El cabo Angulo y sus guardias se defendieron heroicamente; pero todo su heroismo no fue bastante a impedir que las hordas de facinerosos que los atacaban, validos de su inmensa superioridad numérica, lograsen aproximarse al Cuartel, que pronto se vió envuelto en llamas, al empezar a arder el edificio de Correos y Telégrafos, que era de reciente construcción, y ofrecía excelente pasto a la candela.

Los valientes defensores de La Maya tuvieron entonces que abandonar el cuartel, y para lograrlo se vieron precisados a abrirse paso a viva fuerza a través de las masas de alzados.

Juan Formosa, Feliciano Santiesteban, Pastor Pérez y Carlos Tomé, que así se llamaban los cuatro rurales, y el valiente cabo Angulo se han hecho acreedores a una recompensa, y muy particularmente Carlos Tomé, último que se retiró, después de batirse cuerpo a cuerpo con un formidable negro que se había apoderado de la bandera nacional que se guardaba en una de las habitaciones del cuartel, y la cual consiguió rescatar el valeroso guardia.

Al mismo tiempo, también se recrudecía el fuego por la calle del Comercio, donde un hombre de la raza de color, el valiente Pablo Correoso, al frente de un pelotón de voluntarios, se batía desesperadamente con los invasores.

De pronto empezó a arder el pueblo por los cuatro costados; los heroicos defensores, abrumados por el número tuvieron que retirarse; cesó la resistencia, y entonces, ¡oh, entonces! aquella masa de ochocientos foragidos que capitaneaba Ivonet en persona, entregose a las delicias del triunfo!

La escena que se desarrolló en La Maya no es para descripta. Sin hacer el menor caso del llanto de los niños, ni de las súplicas de las mujeres, aquellos desalmados se entregaron al saqueo. Nada respetaron, y haciendo del incendio un complemento del robo, bien pronto convirtieron aquel apacible y floreciente lugar en un verdadero infierno.

Grupo de hombres, medio desnudos y blandiendo los machetes y las teas, penetraban en los hogares lanzando feroces gritos de ¡Vivan los negros!, ¡mueran los blancos!, y todas aquellas personas que intentaban oponer la más leve resistencia, eran maltratadas.

Al farmacéutico Duvierti le obligaron, poniéndole los rifles al pecho, a entregar todo el dinero que poseía, y lo mismo hicieron con los dueños y dependientes de las casas mercantiles de Celedonio Gómez, Mancebo Hno., Isidoro Campa, Cucirié y Co., J. Servet y otras muchas.

Una nota cómica, al par que repugnante, del saqueo de La Maya, fue sin duda la que ofrecieron las mujeres negras que acompañaban a los alzados, las cuales, con un refinamiento de coquetería verdaderamente salvaje, penetraban en los establecimientos y casas particulares, y haciendo caso omiso de otro botín más valioso, se apoderaban con avidez de los frascos de perfume, que destapaban de cualquier modo, y vertían el contenido de los mismos sobre sus cuerpos sudorosos y jadeantes.

A un dependiente del establecimiento de Celedonio Gómez le dijo Ivonet las siguientes palabras: «Dile a Pablo Correoso, que lo estoy buscando para darle machete. Hoy ha sido La Maya; pronto les tocará a Songo y El Cristo».

Cuando más contentos estaban los alzados, llegó un confidente, no se sabe de dónde, y manifestó a Ivonet que una columna de Infantería, al mando del comandante Sanguily, avanzaba a marchas forzadas sobre La Maya, y que sus exploradores estaban ya muy cerca del poblado.

No esperó el cabecilla a que le repitieran el aviso y dando gritos de «¡Pronto, muchachos, que viene la infantería!», abandonó el horrible teatro de su «hazaña», seguido de sus ochocientos partidarios, que se retiraron en pos de su jefe con dirección a La Prueba.

Hoy han llegado a Santiago de Cuba multitud de familias, víctimas de La Maya. El aspecto de los desgraciados fugitivos inspira lástima, y hace nacer en el corazón vehementes deseos de venganza…

## XV.

### Nuestros bravos soldaditos

Dejemos a los alzados en sus montañas, y a los americanos en sus acorazados, y sus guarniciones, y dediquemos algunas frases de admiración y cariño a nuestros heroicos soldados, que bien lo merecen.

Hablemos, en otras palabras, de algo que a todos por igual nos interesa y nos atañe; de algo que debemos anteponer a nuestras ambiciones personales y a nuestras opiniones políticas: hablemos, para glorificarlo, del inimitable ejército cubano, sangre de nuestra sangre, orgullo de la patria y sostén y garantía de nuestras instituciones.

Los que aquí, en la soberbia capital, sólo conocen de las operaciones militares los partes y relatos que publica la prensa periódica; los que sólo han visto a nuestras tropas en las maniobras y ejercicios de Columbia y en las paradas y revistas del Malecón, no pueden tener una idea de todo lo que representa, de todo lo que significa y de todo lo que vale nuestro admirable ejército.

Esos oficiales tan inteligentes, tan correctos, tan irreprochables, y esos soldados tan alegres, tan ordenados, tan pulcros, que estábamos acostumbrados a ver en los restaurants, en los cafés, en los teatros y en los paseos de nuestra bella ciudad capitalina, marchan hoy, resueltos, animosos, decididos, indomables, por las abruptas montañas del Oriente, recorriendo distancias enormes, atravesando valles y cañadas, salvando espantosos precipicios; y siempre firmes, siempre ardorosos, siempre entusiastas, insensibles a la fatiga, inconmovibles ante el peligro, sólo tienen una ambición: vencer, y un solo pensamiento: mostrarse dignos de la confianza en ellos depositada.

Yo acabo de verles en acción y en ciertas ocasiones he tenido el honor de acompañarles a traves de esas horribles e inhospitalarias montañas, donde la muerte permanece en acecho constante, donde detrás de cada roca puede hallarse en emboscada el plomo traidor, y donde cada soplo de viento parece un gemido de dolor cuando no un rugido de amenaza.

Allí todo es hostil, hasta el aire que se respira: tan pronto como se pierde de vista la ciudad y empieza el interminable y cada vez más escabroso camino de la sierra, se experimenta esa sensación de malestar que produce siempre la cercanía del peligro: los árboles, los peñascos, la selva virgen, el boscaje enmarañado, el negro abismo que obliga a cerrar los ojos para sustraerse al vértigo... y la soledad, la horrible y angustiosa soledad que oprime el corazón y pueblo el cerebro de horripilantes imágenes y el alma de tristes presentimientos.

Por allí, escalando esos picachos, descendiendo al fondo de esos desfiladeros, desafiando a cada paso la muerte y mostrandose insensibles a la fatiga, a las privaciones, a la intemperie, a todo, en fin, luchando a brazo partido con la naturaleza y con los hombres, sobreponiéndose a los sufrimientos físicos y a las pesadumbres morales, marchan nuestros bravos soldaditos alegres, orgullosos, indomables, con el mismo orden, la misma corrección, y la misma disciplina, que si sólo se tratase de unas maniobras y no de una campaña que no tiene para ellos ni siquiera el aliciente de la gloria militar, por la despreciable calidad del enemigo.

¡Oh!...; yo no puedo sustraerme a un sentimiento de admiración sincera; yo no puedo ahogar en mi garganta el grito de entusiasmo que brota de mi pecho extremecido: ¡Viva el Ejército!

Nada importa que nuestras convicciones políticas nos inclinen a censurar o aplaudir a los hombres que rigen los destinos de la patria; nada importa que militemos en tal o cual partido: en momentos como este y en presencia de espectáculos tan hermosos, sólo podemos y debemos sentirnos cubanos. El ejército no pertenece a ningún grupo ni defiende determinadas aspiraciones: pertenece a todos, es nuestro, muy nuestro, y todos debemos unirnos, olvidando agravios y recelos, para tributarle el homenaje que merece.

Esos soldados que tan bizarramente luchan en las montañas orientales, y que han arrancado aplausos y elogios a los representantes extranjeros y a los mismos jefes y oficiales del ejército americano, son acreedores a los honores del triunfo y el pueblo cubano no desea otra cosa que acordárselos.

Los habaneros, especialmente, que les ovacionaron al partir quieren ovacionarlos a su regreso.

¡Qué bello espectáculo ofrecería ese ejército vencedor al desfilar por las calles de la capital bajo arcos de triunfo y en medio de vítores y aclamaciones! ¡Cómo se sentiría confortada el alma cubana, el alma nacional, en presencia de ese abrazo fraternal que sellaría para siempre el pacto de solidaridad entre el ejército y el pueblo!

Sería una ráfaga, un chispazo, un brote que acaso no tardaría en extinguirse; pero por breve que fuese la visión, viviríamos, siquiera durante algunos instantes, vida cubana; nos olvidaríamos del escabroso presente para recordar el glorioso pasado y mirar de frente con seguridad, con confianza, el incierto porvenir.

XVI.

HONOR A QUIEN HONOR SE DEBE

El Mayor General José de Jesús Monteagudo, comandante en Jefe del Ejército de la República, puede en justicia sentirse orgulloso y satisfecho de haber logrado lo que ningún general europeo ni americano pudo jamás lograr: aplastar en poco tiempo una revolución de guerrilleros montañeses que se negaban sistemáticamente a combatir.

Los franceses vencieron en Argelia, y los ingleses en el Transvaal y los americanos en Filipinas, porque tanto los argelinos, como los boers y los tagalos aceptaban con frecuencia las batallas, y en no pocos casos hasta se atrevían a provocarlas.

En cambio los españoles jamás pudieron vencer a los cubanos, por la sencilla razón de que la famosa *táctica mambisa* de los libertadores, resultaba un problema demasiado complicado para los generales y soldados peninsulares, que no obstante sus esfuerzos sólo conseguían encontrar al enemigo cuando este lo tenía por conveniente.

En campañas de la índole de las que invariablemente se han librado en Cuba, cuanto más perfecta sea la organización del ejército leal, más seguros del éxito pueden estar los rebeldes. La disciplina, la táctica, la estrategia, el espíritu de cuerpo y casi, casi, estamos por decir que hasta el valor colectivo, nada representan ni nada valen, y en no pocos casos resultan otros tantos obstáculos.

Esto, precisamente, nos hizo temer, al iniciarse la rebelión estenocista, que los esfuerzos de las tropas regulares, enviadas desde esta capital para combatir a los alzados, se estrellarían contra el sistema de guerrillas que, sin duda, adoptarían los jefes de la rebelión.

Porque el ejército cubano es (y esto conviene que se sepa) uno de los más brillantes y completos que existen, por lo que respecta a organización, a disciplina, a todo, en fin, lo que caracteriza a los ejércitos regulares.

Compuesto en su inmensa mayoría de jefes, oficiales y soldados punto menos que improvisados, adquirió en breve tiempo un grado tal de perfeccionamiento, que los mismos oficiales americanos que completaron su instrucción (los capitanes Catley y Parker) se mostraron admiradores de la sorprendente facilidad con que esos hombres, muchos de los cuales no habían visto nunca un fusil moderno, se adaptaban al riguroso régimen militar que se les imponía.

Tanto los artilleros, como los infantes y los admirables jinetes del Tercio Táctico de Caballería de la Guardia Rural, se convirtieron en menos de tres años en verdaderos soldados, no inferiores en modo alguno a los de las primeras potencias militares de la vieja Europa.

Sin que el patriotismo nos ciegue, podemos asegurar que el Ejército de la República de Cuba, dotado de los más eficaces y modernos armamentos e instruido de acuerdo con el sistema americano (que no reconoce superior en la práctica) puede sufrir ventajosamente cualquier comparación a que quiera sometérsele.

Pero como antes decimos, estas mismas brillantes cualidades, ese perfeccionamiento, ese carácter de «ejército regular» que le distingue, eran para nosotros otros tantos motivos de duda. Nos parecían nuestros soldados (digámoslo en una palabra) *demasiado regulares* para luchar sin desventaja con las hordas salvajes que infestaban las serranías orientales.

Y he aquí lo más admirable, lo que para nosotros, testigos presenciales de la cruenta campaña, constituye el más hermoso timbre de gloria con cuya posesión pueden envanecerse las tropas cubanas: esos soldados, instruidos para operar en grandes núcleos, para dar batallas campales, para batirse en campo abierto, esos soldados, que por las lecciones que recibieron sólo parecían capaces de hacer lo que podríamos llamar «la guerra seria», han demostrado que, llegado el momento, cuando las circunstancias así lo exigen, pueden y saben hacer la guerra irregular; que para ellos las formaciones en columna, los brillantes despliegues, las líneas estratégicas, las cargas por escuadrones, las retiradas escalonadas, los fuegos de «boleo», las postas cosacas; y hasta las tiendas de campaña y los zapatos sólo tienen un valor relativo.

De injustos pecaríamos, sin embargo, si no tributásemos, al mismo tiempo que a los soldados, un elogio entusiástico y merecido al hombre que con su firmeza de carácter, su inagotable valor moral y sus vastos conocimientos prácticos de militar veterano y experimentado, supo conducir a buen fin una campaña que, por su índole, amenazaba con prolongarse indefinidamente, después de cansar al país irreparables daños.

El Mayor General José de Jesús Monteagudo, a quien hoy, cuando no existen ya Gómez, Maceo ni García, no vacilamos en llamar *el primer guerrillero del mundo*, se ha hecho acreedor no sólo a la gratitud de su pueblo, sino a los plácemes sinceros de la crítica. Ha dirigido las operaciones con verdadero genio, revelándose en todas ocasiones como un militar de talla, para quien la guerra de montañas no guarda secreto alguno.

Cuando, a raíz del incendio de Ramón de las Yaguas, las partidas rebeldes emprendieron la retirada hacia Mayarí Arriba, el General Monteagudo, en vez de lanzar en seguimiento de los alzados grandes contingentes de tropas, se limitó a situar fuerzas en los mismos parajes que el enemigo acababa de visitar. Uno de los autores de este libro, al darse cuenta de ello, y extrañándole sobre manera la conducta observada por el general en Jefe, se permitió llamarle la atención: el General, con su inalterable calma (esa calma que nunca le abandona) sonrióse benévolamente y pronunció estas palabras, reveladoras de un espíritu de observación profundo y de una sagacidad sorprendente: «Yo soy, dijo, antes que nada y por encima de todo, un general mambí; y por lo mismo sé cómo piensan y obran los mambises, cuya táctica se reduce a dar grandes rodeos, para volver siempre, más tarde o más temprano, al punto de partida. Por esta razón, estoy convencido de que Ivonet y Estenoz, con sus partidas, volverán a Ramón de las Yaguas, o por lo menos, intentarán hacerlo. Este es el motivo por el cual estoy tomando todas las medidas del caso, para recibirlos dignamente a su regreso, si es que logran regresar, pues como tengo mis motivos para presumir la ruta que se proponen seguir, he situado también algunas columnas en el camino que, según mis cálculos, intentan recorrer en su viaje de regreso».

Dos días después de haber escuchado de labios del General Monteagudo estas palabras, los rebeldes, rechazados en Sagua de Tánamo por el valeroso Teniente de la Guardia Rural «Vivín» Rodríguez, tropezaban con las tropas del teniente coronel Consuegra, que habían sido despachadas por el Comandante en Jefe, obedeciendo al plan de referencia, y a partir de ese momento puede decirse que no transcurrió un solo día sin que las partidas, que como lo había previsto el General intentaban volver a Ramón de las Yaguas, no sufrieran algún descalabro más o menos serio.

Un auxiliar en extremo valioso resultó en esos días (los más importantes y decisivos de la campaña) el cuerpo de Voluntarios de Occidente, que al mando del valiente y prestigioso General Manuel Piedra, prestó un extenso y penosísimo servicio de guarnición sobre la línea del ferrocarril del Este (San Luis, Songo La Maya y Guantánamo).

La cooperación de los voluntarios occidentales fue de gran utilidad, en primer término, porque gracias a ellos pudo destinarse a la persecución activa de los rebeldes un respetable contingente de tropas regulares, que de otro modo hubieran tenido que ser empleadas en guarnecer los poblados, caseríos y estaciones ferroviarias, que, de manera tan eficaz, guarnecieron aquellos.

Es indudable, sin embargo, que, después del General en Jefe, la figura más saliente de la campaña de Oriente ha sido la del Brigadier Pablo Mendieta. De los primeros en llegar, al teatro de las operaciones, este bizarro militar tuvo la gloria de administrar a los alzados la primera derrota que sufrieron, en Yarayabo, y posteriormente cúpole en suerte asestar el golpe decisivo a la rebelión, dando muerte a su jefe principal, al ambicioso Estenoz, en los campos ensangrentados de Micara.

Hemos hecho justicia a los que, por sus grandes merecimientos han tenido el privilegio de granjearse la eterna gratitud de todo un pueblo; pero nuestra obra resultaría incompleta, si no hiciéramos también resaltar, para tributarle el aplauso que merece, la inmensa labor realizada, con ocasión del movimiento racista, por nuestra naciente marina nacional.

Sin la cooperación valiosísima de nuestras fuerzas marítimas, sin la pericia, el arrojo y la incansable laboriosidad de nuestros hombres de mar, las operaciones militares no habrían sido tan eficaces, las tropas no hubieran podido moverse, en muchos casos, con la rapidez necesaria y el costo de la campaña hubiera sido enorme.

En todos, desde los más altos hasta los más humildes, desde el General en Jefe del Ejército hasta el último marinero de la escuadra, ha tenido la República fieles y valiosos auxiliares, y todos, en su esfera respectiva, se han distinguido por igual.

Y es que en todos alentaba el mismo espíritu patriótico de los días de gloria... es que en el pecho de todos latía el corazón mambí...

# XVII.

## El padrón de honor

### Las bajas de la campaña

No ha obtenido el brillante ejército de la República su completa y decisiva victoria sobre las hordas rebeldes que infestaban las montañas de Oriente, sino a costa de grandes sacrificios e ímprobos trabajos.

Las marchas interminables por la sierra, las noches pasadas al raso y las privaciones de todo género que han tenido que sufrir nuestros soldados, no fueron bastante, sin embargo, a abatir el espíritu de esos bravos luchadores que parecían insensibles a las fatigas corporales.

Pocos casos de enfermedad se han registrado, y esto, al par que a la resistencia física de los soldados hace honor a la administración militar del ejército.

Por lo que se refiere a las bajas sufridas en combate, pocas fueron, relativamente; pero de todos modos los cuarentisiete valientes que derramaron su sangre por la república y la paz, son mil veces acreedores a la gratitud eterna de todos los cubanos.

He aquí una relación completa de las bajas de la campaña. En ella se incluyen los nombres de los infelices voluntarios de Occidente que perecieron, víctimas de la traición más horrible.

### Muertos

Celestino Mayor
Alejandro Marín Pagan

Ramón Moya Sotolongo
Eliseo Ramírez
José Llanes
Modesto de Armas Calderón
José René
Secundino Reyes
Abelardo Aragón
N. Saavedra
Domingo Tamayo
Julián Hernández
Antonio Almeida Pérez
Prudencio Céspedes
Felipe Santiago
Manuel Mengana Olión

Heridos

Tomás Santos Suárez
Armando Sánchez
Darío Naranjo
Manuel Andreu
Encarnación Alfonso
José Ignacio Cáceres
Ramón Izquierdo
Esteban León
José Pérez Zequeira
Juan Aguirre
Germán Cauce
Antonio Plasencia
Enrique Salas Prado
Fortunato Cortés
Amador Rodríguez

Juan Garzón
Juan Sánchez González
Antonio Mendoza
Policarpo Garvey
Antonio Moiño
Juan José de la Paz
Alberto Valentín
Eleuterio Veranés
Luis Llanes Oliva
Francisco Martínez
Camilo Cuenca
Ramón Suárez Proenza
Nemesio Medina (o Díaz)
José Batista
Juan Reyes
Angel García

XVIII.

Juicio del alzamiento

La convulsión racista toca a su fin. Capturado Gregorio Surín, en Kentucky; sometido el paralítico Lacoste; muertos Heredia y Zapata y acosados sin tregua ni descanso Ivonet, Estenoz, Antomarchi y sus amedrentados compañeros, puede desde luego asegurarse (sin que al hacerlo nos veamos obligados a exagerar la nota optimista) que el alzamiento ha perdido ya su carácter político, para convertirse en bandidaje de montaña.

No es ya la Ley Morúa lo que preocupa a los directores del movimiento; y la carta de Evaristo Estenoz al cónsul de los Estados Unidos en Santiago, prueba que los que hace un mes se lanzaron al campo invocando los derechos de una raza, se darían por satisfechos hoy–á los treinta días cabales de iniciado el movimiento–con escapar al plomo y el machete de sus incansables perseguidores.

Eugenio Lacoste, hoy moribundo en el hospital de Santiago, y que, como nadie ignora, fue el cerebro de la revolución, ha declarado que tanto él como los demás jefes del movimiento acometieron la peligrosa aventura en la creencia de que el gobierno, en su afán de ahorrarse líos y complicaciones con los americanos, se apresuraría a comprar la paz a cualquier precio; y esto me parece bastante probable; pero lo que ni el paralítico ni ninguno de los cabecillas prisioneros o presentados dice, es que la llamada «revolución racista» no debía limitarse a un chispazo sin importancia en las Villas y a un alzamiento de fuerza más aparente que real en las serranías orientales.

Todo hace creer, por el contrario, que el movimiento armado debió estallar simultáneamente en las seis provincias, lanzando al campo de la revolución veinte o treinta mil negros, que antes de ser sometidos hubieran convertido en ruinas el país y provocado una nueva y acaso definitiva intervención americana.

De tan terrible contingencia nos hemos librado merced al patriotismo de nuestro pueblo y al valor de nuestros soldados; pero ante todo, debemos dar gracias a Dios, que hizo tan cobarde a Evaristo Estenoz.

Este ciudadano, que por su osadía en la tribuna y por otras causas de todos conocidas y que por lo mismo no creo necesario mencionar, habíase convertido en «leader» del llamado «Partido Independiente», gozaba de gran prestigio entre los negros occidentales, pero su influencia en Oriente no fue nunca comparable a la de Lacoste, Ivonet y otros, quienes, si bien es verdad que le reconocían como jefe supremo de la conspiración que se fraguaba, y estaban dispuestos a secundar el movimiento, no se comprometieron a ello sino a condición de que Estenoz levantase la bandera racista en Occidente, con lo cual, no sólo se obligaría a las tropas leales a subdividirse para combatir a los rebeldes en muchos puntos a la vez, sino que se crearía la impresión de un movimiento unánime desde la Punta de Maisí al Cabo de San Antonio.

Los elementos *independientes* de las Villas y Habana cumplieron al pie de la letra el compromiso adquirido; y al mismo tiempo que Lacoste, en Guantánamo, Ivonet en los alrededores de Santiago y Zapata, Pitillí y otros en distintos lugares de Oriente daban el grito de rebeldía, aparecieron pequeñas partidas en Sagua, Santo Domingo, Marianao, etc.

Afortunadamente para Cuba, los rebeldes occidentales no tardaron en desanimarse al observar que su jefe nato, el travieso Estenoz, en vez de ponerse al frente de los grupos habaneros y villareños –como lo había prometido– había tomado el prudente partido de sublevarse en las montañas orientales, proclamándose al mismo tiempo «Presidente de la República», es decir, asumiendo un cargo eminentemente civil, convirtiéndose, de hombre de acción en elemento pasivo y llegando a ser para Ivonet y los suyos una impedimenta inútil y peligrosa.

Esta reunión de los tres principales cabecillas entre Guantánamo y Santiago hizo posible que el gobierno dirigiese todas las tropas de la República contra un solo punto, lo que no habría ocurrido si Estenoz, más arrojado, se hubiera puesto a la cabeza de sus parciales en las llanuras de Occidente.

La excesiva prudencia del fogoso tribuno racista, ha sido, pues, providencial para Cuba; pero ha servido, al mismo tiempo (y esto es, a juicio mío, lo más grave) para demostrar, primero, que la revolución que agoniza era un movimiento de negros contra blancos; segundo, que el problema de razas ha quedado definitivamente planteado en nuestra patria, y tercero, que los elementos dispuestos a enarbolar la bandera negra están diseminados por todo el territorio de la República, y sólo tienen necesidad de un jefe valiente, enérgico y prestigioso para volver a las andadas.

No debemos, por tanto, hacernos ilusiones y considerar el triunfo de nuestros bravos soldados en Oriente como un triunfo definitivo de la buena causa.

El fracasado alzamiento de Estenoz debe, por el contrario, impulsarnos a tomar medidas para lo porvenir; debemos, en otras palabras, poner los medios para impedir un nuevo brote racista que acaso resultaría más difícil de vencer, pues no siempre tendremos que habérnoslas con jefes tan prudentes como Estenoz ni con gobiernos americanos tan honrados como el que en la actualidad rige los destinos de la Gran República.

Yo no abrigo la menor duda sobre el resultado favorable de la campaña militar en Oriente; pero afirmo con toda la sinceridad de mi alma, que si por conveniencias políticas, o por lo que sea, llevamos nuestro optimismo hasta el extremo de hacernos la ilusión de que con el éxito incompleto que estamos obteniendo hemos aplastado para siempre la hidra del racismo, cometeremos un gravísimo error del que pronto tendremos que arrepentirnos.

## XIX.

## La captura de Surín

Una de las notas características de la campaña librada por las tropas de la República contra la rebelión racista ha sido la inflexible energía con que fueron tratados los revoltosos. Para los principales jefes del movimiento, sobre todo, no ha habido piedad; las fuerzas leales los han perseguido sin tregua ni descanso, los han acosado con desesperante tesón, y cuando han logrado echarles el guante, les han dado muerte sin misericordia.

Los han tratado, en otras palabras, como se trata en todas partes a los que se colocan fuera de la ley, a los que atentan contra las instituciones patrias, y a los que, invocando derechos más o menos imaginarios, hacen buen uso del mismo estado de alarma que han creado, para apoderarse de lo ajeno contra la voluntad de su dueño.

Para castigar a los directores de una asonada revolucionaria perjudicial para los grandes intereses de la comunidad todos los medios son igualmente aceptables, y tanto da uno como otro; desde el consejo de guerra sumarísimo hasta la convencional y elástica «ley de fuga».

En Cuba, por razones de nadie desconocidas, no se procedió nunca contra los revoltosos con bastante energía; y tal vez haya sido esto causa de que los procedimientos de rigor puestos en planta en esta campaña por los jefes y oficiales del ejército, quienes, dicho sea de paso, se limitaban a cumplir las órdenes e instrucciones que recibían de sus superiores, hayan causado general sorpresa y provocado en no pocas ocasiones censuras y protestas, absolutamente injustificadas en la inmensa mayoría de los casos.

Entre los pocos cabecillas racistas que lograron sustraerse al plomo o el machete de las tropas, figura en primer término Gregorio Surín (hoy recluido en la Cárcel de Santiago de Cuba), y que, como se sabe, cayó prisionero de los valientes rurales del escuadrón M, del Tercer Regimiento, en el glorioso combate de Kentucky.

Gregorio Surín, con quien tuvimos oportunidad de departir extensamente a raíz de su captura, es un mulato que representa unos cincuenta años de edad, y su aspecto afeminado, acaso tanto como el odio feroz que siempre ha sentido por la raza blanca, le hace repulsivo y odioso desde el primer momento.

Este hombre, que fue uno de los más entusiastas propagandistas de las doctrinas del llamado Partido Independiente de Color, recibió de manos de Estenoz, en pago de sus servicios a la causa negra, el diploma de Coronel de Estado Mayor, y provisto de este documento, marchaba con la partida del cabecilla Heredia, al ocurrir la sorpresa de Kentucky, que vamos a referir suscintamente, y sin más objeto que satisfacer a las numerosas personas que nos preguntan todos los días por qué el Teniente Ortiz no dió muerte a Surín.

El Teniente Arsenio Ortiz, oficial valiente, pundonoroso y muy conocedor de las sierras orientales, operaba con una fuerza mixta de la Rural y guerrillas; y habiendo sabido por un presentado que la partida de Heredia se encontraba en un lugar denominado Sitges, levantó su campamento, establecido en la finca La Cristina, y emprendió marcha con dirección al sitio expresado.

Cuando la columna de Ortiz hubo andado seis ú ocho leguas, comprendió su animoso jefe que no le sería posible hacerse acompañar de la pequeña fuerza de infantería que le seguía, pues los soldados, rendidos de fatiga, no podían dar un paso más. Resolvió entonces el bravo teniente proseguir la jornada sin más acompañamiento que quince números del escuadrón M del Tercer Regimiento de Caballería de la Guardia Rural, y con ellos llegó a Sitges, poco después de haberse retirado de dicho lugar las partidas rebeldes.

Las huellas indicaban que se habían dirigido a El Atalí, y a El Atalí fue Ortiz con sus quince valientes, sin obtener otro resultado, que cerciorarse de que Heredia y los suyos se habían replegado sobre la inexpugnable posición de Kentucky, hacienda enclavada en el corazón de la sierra, a una altura prodigiosa sobre el nivel del mar, y dotada de tan formidables defensas naturales, que durante nuestras guerras emancipadoras jamás se atrevieron las aguerridas tropas españolas a intentar el desalojo de las fuerzas patriotas que hacían de ese lugar el centro de sus operaciones.

A corta distancia del batey de Kentucky encontraron Ortiz y sus guardias una avanzada rebelde, que «desecharon»; y después de ímprobos trabajos y trepando por el temible «farallón», cayeron como irresistible turbión sobre el campamento enemigo.

Heredia fue muerto; su ayudante, Despaigne, fue muerto también, y si los doscientos negros que componían la partida no fueron totalmente aniquilados, debióse a que la niebla, que en esos parajes jamás se disipa por completo, favoreció la fuga de aquellos desgraciados.

Ortiz y sus valerosos guardias persiguieron a los fugitivos durante algún tiempo, y cuando regresaron al sitio de la acción, hallaron a Gregorio Surín que con seis de los suyos, se había rendido a un individuo llamado «Pancho» Jaba, que había servido de práctico a las tropas leales.

Al ver al Teniente, Surín, que le conocía personalmente, cayó de rodillas, pidiendo humildemente que se le perdonase la vida; y Arsenio Ortiz, que en aquel momento se sentía feliz y orgulloso con el triunfo alcanzado, perdonó.

Al siguiente día fueron conducidos los prisioneros a La Sigua, pequeña ensenada distante unas treinta millas náuticas de Santiago de Cuba, donde ya esperaba el cañonero *Baire*, cuyo comandante, el señor Alberto de Carricarte, se hizo cargo de ellos, para su conducción a Santiago.

## XX.

## SUSPENSIÓN DE LAS GARANTÍAS CONSTITUCIONALES

Al Congreso:

La grave perturbación del orden que amenaza la paz de la nación, me obliga a acudir, como lo hago, al honorable Congreso, en cumplimiento de lo que estatuye el Inciso segundo del artículo 68 de la Constitución, para que el Poder Legislativo con su habitual sabiduría y apreciando la situación porque atraviesa la República, dicte una Ley que me autorice para suspender las garantías constitucionales en todo el territorio nacional o en determinada parte del mismo.

Enemigo de medidas extremas, he procurado sofocar el actual movimiento sedicioso sin recurrir al Congreso, a fin de que dictase la Ley que ahora solicito; pero la necesidad de terminar en una rápida campaña la insurrección armada, cortando con ello complicaciones exteriores y salvando la causa del orden y de la civilización, me obliga a dirigirme a los Cuerpos Colegisladores para obtener de ellos una medida que sabré hacer uso con la moderación que pongo en todos mis actos.

Palacio de la Presidencia, en la Habana,
3 de Junio de 1912

José Miguel Gómez.

## XXI.

## Literatura afro-independiente

He aquí una copia fiel de algunos de los más curiosos documentos ocupados a los alzados, por las tropas del gobierno:

*Ejército Reivindicador – Cuartel General en Campaña en el punto la Cristina.* He recibido del Cdno. Capitán Tomás Maniel de este Ejército, en comisión por orden de este Cuartel General a mis órdenes, 500 tiros de Mauser, un caballo dorado tomado en el potrero La Filipina, y otro del mismo color en la Aguada de Juan B. Riveauz y dos armamentos Espinfes, viniendo con él doce ciudadanos, cuyas generales han sido tomadas.

También he recibido dos caballos tomados el uno en el potrero de Enrique Tomás, y otro en la finca «Filipina».

Y para su constancia le firmo el presente. En Patria, Derecho y Libertad, a 29 de Mayo de 1912.

El Jefe del Estado Mayor, Isidoro Santos Carrero

ح

*La Gloria – Municipio de Alto Songo – Oriente*
Cuartel General del Ejército Reivindicador de la República Cubana en Campaña – Campamento La Gloria.

Reverendo General en Jefe del Departamento, de Oriente en toda su jurisdicción del E. R.

Con esta fecha, 23 de Mayo de 1912, le remito la expresada comunicación para que sea tomada en cuenta y asentado al libro del Ejército la comisión desempeñada por el infrascripto y el capitán Pablo Felisier y el teniente Ayudante Francisco Duany y Méndez y Mauricio Rebollar y el teniente armero Wenceslao Dávila y seis números; cuya comisión realizó las hazañas siguientes: el 20 de Mayo a la 1 a. m. en la Hacienda del Olimpo incomunicando la vía de Guantánamo y San Luis por el extremo Este y Oeste y el hilo de la finca por el Norte, sacando seis caballos aperados del Batey Olimpo y asaltando a la cantina del Sr. Juan Tejeiro de donde nos llevamos los objetos que constan en el libro en la fecha indicada.

Sin más, de Vd. atto. S. S.

El Comandante del Escuadrón de Caballería,

Loreto Vera

☙

También el día 21 del presente con el mismo capitán y el Teniente ayudante y tres números, hicimos un recorrido con rumbo a Belona, del término municipal de Guantánamo.

Trayendo una res de una finca de ese término que fue entregada en ese día al Jefe día del Cuartel General de que le participo para lo que estime procedente. S. S. El Comandante del Escuadrón 10.

☙

*Cuartel General* – Pongo en su conocimiento que el dia primero del precente mes dirigi a Vd. una comunicación en la que ponía en su conocimiento que el día 31 del mes pasado le hecijí al teniente coronel Vicente Amaya que me hisiera entrega de esta brigada haciéndole entrega del diploma que se tuvo a bien entregarme para dicho Sr. osponiéndose el señor Amaya aserme la entrega del alchivo de esta brigada, porque dice que es de su propiedad ciendo insierto que ese alchivo ha sido cojido en case del alcalde del barrio Sr. Ramón Bravo.

Ademas el día 28 del mes pasado se tomó la cantina del Sr. Pelegrín, habiendose sacado de dicho cantina se sacaron catorce asemilas cargadas de eftcto y ademas la infanteria bino cargada de efetctos y la gente unicamente vió lo que cargo la infantería pues lo demas factura nose hapodido saber donde lo an trasportado; y ademas el día 2 le mande una comunicación a Vd. la que rregreso a este cuartel el día 6 disiendo que acausa de haber mucho enemigo y no saver suparadero no isieron entrega dicha comunicación.

Pongo en conosimiento a ese cuartel que el señor Anaya el día primero salió con rumbo a ese cuartel imponiéndose aserme entrega de los armamentos que tenía en su escota pues se lo mande hapedir con el coronel Eduardo Goulte, disiéndole que el no entregaba nada pues esos armamentos los necesitaba el para su marcha y ademas disiendo el que como el se hiva a poner a las ordenes de un brigadier sin camisa y sin zapato, esto que le digo en estas líneas se lo pruevo en caso que el se negara.

Sin mas su affmo, amigo,

Campamento Vinento, Junio 7 de 1912.

General de División, Felipe Vera

☙

*Ejército Reivindicador - Cuartel General en Campaña*
A la Jefatura General.
Sr. Jefe de la Provincia Oriental.
Señor:
A Vd. digo que habiendo operado en este Departamento Oriental y habiendo tomado el poblado de Palmarito haciendo

en parte vivieres y ropas las fuerzas por particular, pasaron, al poblado de La yerba de Guinea, habiéndose dado a la fuga las fuerzas del Gobierno ocupamos noventa y siete tiros de Mauser Reformados y en las tiendas ocupamos un saquito de municiones otro de balines a más de doscientos cartuchos y seis cajas de pólvora de lo demás no puedo dar cuenta ni fe porque yo iba bajo las órdenes de otro Brigadier.

Y esperando de Vd. tenga un acto de justicia para con nuestras fuerzas que vamos atravesar para nuestro departamento y cruzamos desalmados y sin parques creo tome en consideración por carecer de los elementos indispensables, quedo de Vd. en espera nos reponga.

En 28 de mayo de 1912.

Feliciano Acosta, Brigadier

## XXII.

## Algunas observaciones

Habana, Julio de 1912

La República de Cuba ha escapado de los peligros y la vergüenza de una nueva intervención extranjera, gracias al patriotismo de su pueblo, a la energía de su gobierno, y al heroismo de su brillante ejército.

Ha caído Estenoz, ha caído Ivonet, se han sometido los pocos jefes del movimiento que lograron sustraerse al plomo de las tropas leales; y como consecuencia de tan resonantes victorias ha renacido la paz y va poco a poco renaciendo la confianza.

Necio sería, sin embargo, que adormecidos por la embriaguez del triunfo, olvidáramos los peligros pasados y no adoptásemos previsoras medidas para lo porvenir.

El movimiento estenocista nos ha probado, en primer término, que los negros, a los que tantas consideraciones hemos guardado, son bastante ingratos para combatirnos con las armas en la mano y poner en peligro las instituciones nacionales.

Es necesario, pues, que procuremos evitar a todo trance que vuelvan a las andadas. El gobierno puede impedirlo, y para ello le bastará con organizar un cuerpo de policía secreta nacional, es decir, un cuerpo cuyos agentes (reclutados entre todos los elementos sociales del país) puedan moverse libremente de un extremo a otro de la isla, y ejercer estrecha y constante vigilancia sobre todos aquellos individuos a quienes se considere capaces de recoger la triste herencia de los caídos en Micara y Nueva Escocia.

Hecho esto, hay que pensar en la posibilidad de que, no obstante las medidas preventivas que se adopten, puedan los racistas realizar una nueva intentona.

Llegado este caso, planteada nuevamente la cuestión de fuerza, preciso será que dispongamos de un ejército bastante numeroso para atender, a la vez, a las seis provincias; porque no es lógico suponer que todas las revoluciones (racistas o de otra clase) que puedan ocurrir en Cuba hayan de abarcar una extensión de territorio tan poco extensa como la que, por suerte de todos, acaba de fracasar en Oriente.

Hemos dicho ya, y no nos cansaremos de repetirlo, que si Estenoz, más osado, hubiese tenido bastante valor para levantar la bandera negra en las provincias occidentales, difícil, si no imposible, hubiera sido la tarea de aplastar el movimiento, puesto que el ejército relativamente poco numeroso, habría tenido que fraccionarse.

Se hace, pues, indispensable, aumentar considerablemente el efectivo militar de la República; y como quiera que sería ridículo que un país de tres millones de habitantes contase con un ejército regular de cincuenta o sesenta mil soldados (cosa que, por otra parte, gravaría enormemente nuestro erario) debe el gobierno pensar con toda formalidad en la organización de las milicias nacionales, tomando como modelo los cuerpos similares que existen en los Estados Unidos, y que constituyen, como es sabido, el núcleo militar más importante de la Gran República.

No hay que temer que las tropas milicianas puedan llegar a convertirse en una amenaza para la paz pública; y no hay que temerlo, en primer lugar, porque aun en el caso de que las milicias de una localidad y si se quiere las de toda una provincia se sublevasen, las de las otras regiones no tendrían motivo para hacer lo mismo; en segundo lugar, porque para sublevarse no bastan los fusiles, sino que hacen falta también las municiones, y estas, como es lógico suponer, ya tendrían buen cuidado los jefes del ejército de tenerlas a buen recaudo y en sitio seguro, como se hace en Francia con la Guardia Nacional y en los Estados Unidos con las milicias de los Estados; y por último, no hay que olvidar que todos los hombres del mundo (y los cubanos en primer término) por más levantiscos que sean, dejan de serlo desde el momento que visten un uniforme y juran una bandera.

El General Monteagudo, que conoce mejor que nadie el problema, por haberlo estudiado detenidamente bajo todos sus aspectos, es partidario decidido de la organización de las milicias; y sus iniciativas en este sentido deben encontrar en todas partes el apoyo decidido de cuantos se interesen por el bienestar de Cuba.

Por lo que se refiere a reformas y modificaciones en el ejército regular propiamente dicho, sabemos también que el General en Jefe tiene algunas en cartera, tales como el aumento de la Guardia Rural y la creación de un cuerpo de dragones, soldados instruidos y armados para combatir indistintamente a pié y a caballo, y que, útiles en todas partes, resultan indispensables, o poco menos, en países como el nuestro, donde la movilidad es, en la mayor parte de los casos, el auxiliar más poderoso de la victoria.

Ahora bien: para que una tropa de esta índole sea verdaderamente eficaz, lo primero que hay que hacer es dotarla de buenos caballos, y estos (contra lo que generalmente se supone) son muy escasos en nuestra tierra.

El caballo criollo, que pudo ser en época lejana tan bueno como el mejor, ha degenerado lastimosamente, y casi puede asegurarse que desde la guerra de Independencia, y como triste consecuencia de ella, *no hay caballos en Cuba*.

Testigos presenciales de las vicisitudes y los incidentes de la penosa campaña que acaban de librar nuestras tropas en Oriente, hemos tenido oportunidad de admirar en muchas ocasiones la increible resistencia de los soberbios corceles del Tercio Táctico, de la Guardia Rural, que una vez aclimatados resisten admirablemente la temperatura tropical y son capaces de realizar jornadas increibles, lo mismo por la sierra que por el llano, sin experimentar el más leve quebranto.

Ahí están en corroboración de lo que decimos los nobles brutos de los escuadrones que mandan los capitanes Iglesias, Perdomo y Amiel, que después de dos meses de incesante y cruenta labor, se conservan en inmejorables condiciones, y tan frescos, saludables y robustos, como si no hubieran salido del campamento de Columbia.

Y en cambio, y ofreciendo el más doloroso contraste, los misérrimos caballejos criollos del Regimiento Núm. 3, a duras penas han podido llenar medianamente su cometido.

También con esto que dejamos apuntado está de acuerdo el General Monteagudo, entre cuyos proyectos figura el de adquirir en los Estados Unidos, un número suficiente de caballos del mismo tipo de los que tan excelente resultado han dado en el Tercio Táctico de la Guardia Rural.

## XXIII.

## El fuego de Palma Mocha por fuerzas del capitán Perdomo

Después de largo tiempo de encontrarse en la provincia Oriental persiguiendo en vano a las partidas rebeldes, sin lograr que estas lo esperaran, según costumbre inveterada en los alzados, el capitán del Escuadrón D de la Guardia Rural, señor José Perdomo, recibió el día 12 de junio la visita de un vecino de Río Frío, informándole que una numerosa partida de alzados se encontraba acampada en aquel lugar, por lo que el referido capitán, muy de mañana aún, dispuso que la pequeña columna que mandaba se pusiera en marcha con dirección al lugar en el cual se decía se encontraba el mencionado grupo.

Comenzó la marcha atravesando las fincas de Guanabo, Vuelta Corta y Filipinas, hasta llegar al lugar conocido por Río Frío, que, como decimos antes, era donde se encontraba el enemigo; pero ya los cabecillas Felipe Vera, el «Brigadier» Anaya y Boulet, se habían marchado precipitadamente de este lugar, por lo que el capitán Perdomo hubo de practicar distintos reconocimientos y después de oir varias confidencias y examinar el rastro, pudo comprobar que la partida rebelde se encontraba cerca de Palma Mocha. El capitán, no obstante el gran número de alzados que componían dicha partida, pues el rastro que se veía era enorme, no titubeó un solo instante, y dispuso que se emprendiera sigilosamente la marcha por el infernal camino que conduce al referido lugar.

Eran las 4 y 10 de la tarde, y aun ningún soldado había tomado alimento alguno; los oficiales para dar el ejemplo se habían negado a tomar el café que voluntariamente les ofrecieran varios vecinos. No obstante esta circunstancia, todos iban bien dispuestos, animosos, llenos de fe; ¡quizás presentían el gran triunfo que se les aproximaba, a medida que iban avanzando por el camino emprendido!

Ya cerca de Palma Mocha, se hizo alto y el capitán Perdomo, Jefe de la columna, ordenó que el joven Teniente Jacinto Llaca, perteneciente al cuerpo de la Guardia Rural, fuese desmontado con 10 hombres en la extrema vanguardia de la columna, con el fin de que no pudieran los rebeldes oir el tropel de los caballos.

No habían transcurrido aun 20 minutos y ya se sintieron en la vanguardia los primeros tiros con que una avanzada enemiga, compuesta de 15 hombres, recibía a los 10, que al mando del Teniente Llaca, marchaban. *¡Fuego por escuadras!* oyóse decir en aquel mismo instante, y una serie repetida de detonaciones se sintieron enseguida.

Aquella fue la señal. Los soldados que se encontraban con el resto de la columna, enardecidos por el humo producido por la pólvora y por los gritos de entusiasmo de sus compañeros que ya peleaban, se encontraban alborozados, y esa emoción natural que produce en las almas de los valientes el estampido de los primeros disparos, les embargaba.

Todos estaban atentos a la voz de mando, esperando que llegara el instante para caer sobre la horda de racistas y exterminarla con el filo de sus machetes.

El capitán Perdomo a cuyo lado estaba el valeroso oficial Ovidio Ortega, estaba frío, impasible, siguiendo con la vista todos los movimientos que el enemigo hacía.

El camino donde se encontraba la columna era muy estrecho y la posición que ocupaban los rebeldes era espléndida, como escogida, por antiguos mambises muy prácticos y muy conocedores de todos aquellos lugares.

De repente el capitán Perdomo ordenó *Al galope*, y todo el escuadrón como un solo hombre obedecía con extraordinaria rapidez. Los diez hombres que con el Teniente Llaca se habían desmontado volvieron a subir a sus caballos respectivos. Pocos minutos después, ya se veían numerosos grupos de alzados que se encontraban acampados en el centro de un llano rodeado completamente de monte.

La enérgica voz del capitán Perdomo, volvióse a oir: «Un pelotón por el flanco izquierdo»–dijo–. «La vanguardia que avance rápida por el centro. Teniente Ortega, lleve el resto de la columna sobre aquella loma», y picando con sus espuelas los ijares de su brioso caballo, este se puso en carrera veloz sobre el campo enemigo, seguido de un grupo de valerosos soldados.

Los rebeldes al verse tan inesperadamente atacados, trataron de hacer resistencia al empuje de nuestros soldados; pero el teniente Ortega, que mandaba el resto de la columna del capitán Perdomo, y que como dijimos antes, se encontraba en un lugar conveniente, cuidando de la impedimenta y de las secciones de ametralladoras, dispuso que una de esas temibles máquinas fuese emplazada para proteger con su mortífero fuego el avance de las tropas. Tan pronto la ametralladora que estaba montada comenzó a vomitar cientos de balas por minuto, los alzados emprendieron precipitada fuga, perseguidos muy de cerca por el aguerrido oficial Luis Hernández, el cual llegó tan cerca de los grupos rebeldes que su machete aún guarda huellas de la sangre de algunos de ellos.

El sargento Manuel Montalvo, de las ametralladoras hacía funcionar, en unión del soldado Martínez una de aquellas temibles máquinas, que tantas bajas produjeron a los rebeldes.

El fuego de fusilería continuaba rudo, gritos de dolor, mezclados con voces de mando, dejábanse oir, el tiroteo estaba en todo su apogeo; pero a medida que el tiempo transcurría, este iba cesando hasta que paulatinamente desapareció. Eran las 5 y 15 de la tarde. El Sol comenzaba a esconderse detrás de las copas de los altos árboles, de que se componía el monte donde tenía lugar la trágica contienda.

De pronto un pequeño grupo de rebeldes se deja ver sobre una pequeña loma cercana al lugar en que la caballería se encontraba, el capitán Perdomo no se hizo esperar. *Corneta, toca a la carga*: dijo, y al escuchar los soldados los bélicos sonidos de la trompeta pusieron al galope sus cabalgaduras y segundos después, se había entablado una cruenta lucha, cuerpo a cuerpo, de la que no salieron muy bien tratados los Independientes que la sostuvieron, breves minutos.

Sería una falta, que jamás nos perdonaríamos, si no hiciésemos mención de los sargentos Pérez y Montalvo y los cabos Díaz y López del escuadrón «F» de la Guardia Rural; y a los también cabos del escuadrón «L» Martínez y Pérez, que tan heroicamente se comportaron en esta acción.

Ya terminado el fuego, procedióse, a pesar de lo avanzado de la hora, a practicar un reconocimiento en el campo de batalla, el que dió como resultado que se encontraron 12 cadáveres, dos de los cuales estaban en el lugar donde se rompió el fuego por el teniente Llaca, también se ocupó al enemigo 30 caballos, sacrificándolos acto seguido por no encontrarse útiles.

También se ocuparon diversos objetos, tales como hamacas, sombreros, zapatos y muchas monturas, lo que demuestra palpablemente lo precipitados que anduvieron los revoltosos para ponerse fuera del alcance de las temidas balas de nuestros valerosos soldados.

Terminada la operación, la columna se acampó en «San José», después de haber recorrido 12 leguas. Sólo un mulo fue herido por los alzados.

Aquella noche hubo rancho extraordinario para los soldados, y en el campamento reinó la mayor alegría.

Al día siguiente el capitán Perdomo con la modestia que le caracteriza, pasaba al Cuartel General un telegrama dando cuenta del encuentro del día anterior; pero restándole importancia, sólo exponiendo el valor de sus soldados y la satisfacción que dá el deber cumplido.

# Epílogo

## Al pueblo de Cuba [la patriótica proclama del sr. Presidente]

Los atentados a la civilización, los ultrajes a la humanidad y las injurias a la Patria, perpetrados por las fracciones en rebeldía, sin respetar siquiera los fueros del hogar, colocan al Gobierno, con cuya Presidencia me honro, en situación de proceder tan enérgicamente como cuando es preciso defender, a costa de los más grandes sacrificios, no solamente las instituciones republicanas y el gobierno propio, sino la honra nacional. No puede en manera alguna permitirse que en pleno siglo xx, en un país tan culto como el nuestro, una sociedad como la nuestra, que tiene títulos sobrados para ser respetada y respetable, consienta que turben un momento más su paz moral y material esas manifestaciones de feroz salvajismo que realizan los que se han colocado, especialmente en la Provincia Oriental, fuera del radio de la civilización humana.

Ha llegado, pues, el instante de que todos los ciudadanos útiles, de que todo hombre digno del título de tal, cualquiera, que sea su raza, se apreste para servir a la noble causa en cuyo nombre hablo, haciéndome eco de los sentimientos expresados al Gobierno por la casi totalidad del país y de los nobles sentimientos de los corazones cubanos. La hora, es de acción inmediata. Los bárbaros atentados a la cultura pública y a la dignidad nacional, realizados por los que proceden movidos por instintos feroces, obligan a todo hombre civilizado a defender su derecho vulnerado en los derechos de todos; para acudir con el arma al brazo a ser de los primeros en tomar puesto en las filas de la defensa nacional. Me dispongo a terminar brevísimamente la actual campaña, a fin de aniquilar el movimiento armado en la República, que sonroja los rostros de los hijos de un pueblo valeroso, digno y de vergüenza; dicha sea esta última expresión apelando el vocablo que en crítica situación para los revolucionarios del 68, sirvió al inmortal Agramonte para levantar más el espíritu público y hacer que prosiguiera la jornada gloriosa.

El Ejecutivo espera que el Congreso votará mañana mismo el crédito suficiente para poner en pie de guerra todo el contingente preciso para conjurar, con rapidez y rudeza, la tempestad de pasiones desenfrenadas que unos cuantos criminales y colaboradores del crimen han desencadenado sobre Cuba, que no podía esperar tan insólita y torpe agresión.

He de armar y organizar excepcional e inmediatamente, al país, para su propia defensa. No tanto como en el ejercicio de un derecho, cuanto en cumplimiento de un deber, cada cual debe disputarse la satisfacción patriótica de ser de los primeros en formar parto de la legión de honor que libre a la República del bárbaro atentado que se le hace por los que dan testimonio de no detenerse ante lo que es más digno de reverente veneración. A la agresión asoladora y disolvente opondrá el Gobierno la acción del país organizado, que marchará denodada y virilmente a restablecer la paz, sin escatimar esfuerzo alguno, en aras de la salvación de la República y del decoro nacional.

Para el honor y para la gloria de esta empresa no hay grandes peligros, ya que el enemigo se mueve entre la espesura de los bosques, actuando por sorpresa, esquivando los combates; pero aunque los hubiera, este pueblo digno y heroico, que no sabe tolerar ultrajes a su honra, ahora como siempre, y ahora más que nunca, los arrostraría con la impetuosa serenidad de los que en los campos de Cuba, entre escombros humeantes, con su propia sangre, tiñeron las franja y el triángulo de la bandera de la patria.

Habana, 6 de Junio de 1912<br>
José M. Gomez, Presidente de la República

# El banquete monstruo

Desde las primeras horas de la mañana del día 27 de Julio, un enorme gentío, ávido de curiosear, invadía los alrededores de nuestro gallardo Parque Martí, el que transformado en breve espacio de tiempo en monstruoso comedor, ofrecía un golpe de vista espléndido, a la par que singular.

Cientos de mesas repartidas por todos los rincones del paseo, trofeos de las distintas armas, cañones históricos, y baterías modernas.

El Parque, adornado con numerosos cordones de bombillas eléctricas, presentaban un aspecto hermosísimo que era realzado por la animación que se notaba en los alrededores, por donde cruzaban centenares de personas a pie, en coches y en automóviles para presenciar el magno acontecimiento.

Desde las seis comenzaron a llegar las compañías y los escuadrones que habían de participar de tan agradable fiesta. Todos venían en traje de guarnición, con guante blanco, y formados correctamente.

En cada rostro de aquellos valerosos soldados leíase el júbilo, el placer de aquella fiesta que a guisa de homenaje le ofrecía el pueblo, que de esa manera demostraba que sabía hacer justicia a sus valerosos y abnegados soldaditos.

A las 8 en punto y a toque de corneta sentáronse todos los comensales alrededor de las distintas mesas, y comenzaron a servirse los ricos manjares al par que las bandas de música del Cuartel General y Municipal, ejecutaban brillantemente las siguientes escogidas piezas:

1. Marcha Militar «General Monteagudo», Marín Varona. Banda del Cuartel General.
2. Marcha «Paz Universal», Lampe. Banda Municipal.
3. Obertura Militar «Patria», Marín Varona. Banda del Cuartel General.
4. Mosaico «Cuba», Anckerman. Banda Municipal.
5. Selección de la ópera «El Conde de Luxemburgo», F. Lehár. Banda del Cuartel General.
6. Habanera «Cuba», Sánchez Fuentes. Banda Municipal.
7. «Potpourrit cubano», Marín Varona. Banda del Cuartel General.
8. «Rapsodia cubana», Tomás. Banda Municipal.
9. Selección de la opereta «El Soldado de Chocolate», O. Strauss. Banda del Cuartel General.
10. Valses «Loveland», Holzmann. Banda Municipal.
11. Valses de «La Corte de Faraón», V. Lleó. Banda del Cuartel General.
12. «Viaje a un Ingenio», Tomás. Banda Municipal.
13. Danzón de Romeu «El barbero de Sevilla», F. Rojas. Banda del Cuartel General.
14. Two Step «Cubanita», Marín Varona. Banda del Cuartel General.
15. «Himno Nacional Cubano». Banda del Cuartel General.

El menú que sirvió el gran Hotel Telégrafo, fue:

> Jamón. Queso de puerco.
> Arroz con Pollo.
> Lechón asado a la Cubana.
> Ensalada mixta.
> Dulces secos. Repostería.
> Vino Tinto, Rioja El Pino.

Café.
Tabacos y cigarros.
(Obsequio de las Fábricas «Baire», «Petronio», «Eminencia», «Competidora Gaditana» e «Hija de Gener».)

Terminada cerca de las 10 de la noche la comida, púsose en pie el doctor Julio de Cárdenas, Alcalde Municipal de la Habana, quien alzando su copa brindó por el Ejército, dándole la bienvenida en nombre del pueblo de la Habana, y felicitando a las instituciones armadas de la República por la manera rápida y eficaz con que habían terminado la campaña de Oriente.

Con una salva de aplausos fue saludado el doctor Cárdenas, al terminar su sencilla y patriótica peroración.

A continuación habló el doctor Mario García Kohly. He aquí su brillante discurso:

Sr. General en Jefe de las Fuerzas Armadas de la República.
Señores:
Mis compañeros de Gabinete me han conferido el encargo que yo he aceptado y voy a cumplir como una honra de valor inestimable de dirigir en nombre del Gobierno su saludo, y con su saludo el homenaje fervoroso de su admiración y de su entusiasmo a este Ejército heroico, glorioso, abnegado y triunfal de la República y de manera especial a su ilustre y victorioso general en Jefe que, apoyado en el amor y en el patriotismo de su pueblo han logrado salvar para la causa de la civilización y libertad cubana, la República y la personalidad política cubana, asegurándonos lo hermoso de nuestra propia nacionalidad.

Por eso es, señores, este acto; por eso este homenaje, por eso este tributo. Es nuestro deber declarar que no es este acto ni este homenaje ni este tributo, obra de un gobierno; no es la obra de un partido, no es la obra de una clase, es, la ofrenda del pueblo cubano, es un latido vigoroso potente, intenso y sincero de la conciencia nacional cubana, es la patria misma que en este acto nos reune y la que en estos momentos nos dignifica, nos fraterniza en la comunidad del mismo sentimiento y en la identidad de la misma idea del pueblo y de la patria que vé en el Ejército el bloque inconmovible de roca y de granito en que descansan firme y segura la dignidad y la honra de la patria.

Continua su discurso, haciendo mención del lugar donde se encuentran, frente a la estatua de Martí, el más apropiado para celebrar un acto de aquella naturaleza; hace historia de la revolución en Oriente, la cual no debe dejar rastro alguno y termina su discurso con las siguientes palabras:

> Pero de ese hecho doloroso de nuestra vida nacional del que sólo debe quedar el recuerdo de esta inmarcesible gloria se desprende el patriotismo de nuestro Ejército y el patriotismo de nuestro pueblo.
> Yo brindo señores en primer término por el Honorable Presidente de la República, por el héroe de Arroyo Blanco, por el primer magistrado de la nación, que es el primer ciudadano de la República. Brindo por el Ejército Nacional, por las Fuerzas Armadas de la República y por su ilustre y glorioso jefe, por estas fuerzas armadas que han demostrado ser dignas herederas y sostenedoras gloriosas de aquel ejército libertador que hizo la independencia de nuestra patria con tanta gloria y grandeza como la sabrán mantener y conservar nuestras Fuerzas Armadas. Brindo, señores, finalmente, por lo que es primero en nuestro corazón, por la Patria; por la independencia y por la República, por esta Patria cuyas grandezas todos anhelamos; por que no la veamos de nuevo atormentada por la miseria y por el sufrimiento, sino llena de luz vestida de laureles y coronada por la civilización. (*Grandes aplausos*).
> En nombre de los Veteranos y del pueblo de Cuba, habla el general Emilio Núñez, que comienza su discurso manifestando

que la base fundamental en que descansan las democracias son la Libertad, la Igualdad y la Justicia, y termina diciendo que las glorias conquistadas por el Ejército Libertador en la lucha por la Independencia de Cuba, no acabaron al conseguirla, pues tendrán su continuador en el actual Ejército que luchará para sostenerla. Termina el General Núñez fecilitando por ello al Ejército y a sus Jefes.

A continuación hace uso de la palabra el general José de Jesús Monteagudo, Jefe de las Fuerzas Armadas:

Señores: Yo quiero en nombre de las Fuerzas Armadas de la República dar a todos las gracias más sinceras y más sentidas.
El soldado cubano se siente satisfecho porque ha cumplido con un deber; pero se siente mucho más satisfecho porque el pueblo cubano lo festeja y agasaja y los soldados sabemos que ese es el único premio a que podemos aspirar por nuestros servicios a la Patria. Con ello estamos satisfechos, nuestros corazones se ensanchan, y cada día con más entusiasmo defenderemos lo que a todos nos es grato: la independencia de la patria.
Yo quiero hacer –pidiéndoles a todos que nos pongamos de pie– un voto sincero y profundo que nazca del corazón ante esa estatua del excelso (señala la estatua de Martí) que es el emblema del ideal cubano, que esta sea la primera y última fiesta con que se nos festeje, y porque jamás en Cuba se derrame la sangre cubana. (*Grandes aplausos*).

A petición de varios amigos hizo uso de la palabra el señor Manuel Gutiérrez Quirós, que brindó por el Ejército y por la República, a la cual desea ver grande y poderosa entre el concierto de los pueblos libres y civilizados.

Próximamente a las once de la noche se levantaron los comensales, dirigiéndose el general Monteagudo y algunas personas más al hotel Telégrafo.

Al pasar la comitiva por frente a la Banda del Cuartel General, que se hallaba frente al hotel, ejecutó el himno nacional cubano, que fue oído de pie y descubiertos por todos.

El orden que reinó en el banquete fue mucho, y ni una miga de pan, ni una botella rota, ni un plato arrojado, nada hubo que denunciara que allí habían comido tantas personas.

La compostura de nuestros soldados es grande, ellos que saben ser buenos y heroicos en la guerra, saben ser también finos, educados, caballerosos, en la paz.

Entre los concurrentes que a ese acto asistieron vimos a los siguientes:

Jefes y Oficiales

    Mayor General José de Jesús Monteagudo.
    Brigadier Pablo Mendieta Montefur.
    Coronel José Martí y Zayas Bazán.
    Coronel Francisco de P. Valiente y Portuondo.
    Coronel Carlos de Rojas y Cruzet.
    Coronel Carlos Machado y Morales.
    Teniente Coronel José N. Guerrero y Dueñas.
    Teniente Coronel José Pereda y Gálvez.
    Teniente Coronel Bartolomé Masó y Martí.
    Teniente Coronel Serafín Esinosa y Ramos.
    Teniente Coronel Enrique Quiñones y Rojas.
    Teniente Coronel Eduardo Pujol y Comas.
    Comandante Guarino Landa y González.
    Comandante Luis Moré y del Solar.
    Comandante Carlos Daniel Macía y Padrón.
    Comandante Rosendo Collazo y García.
    Comandante Leandro de la Torriente y Peraza.
    Comandante José M. Lazama y Rodas.
    Comandante Gustavo Rodríguez y Pérez.

Comandante Rigoberto Fernández y Lecuona.
Comandante Ramón Fonts y Segando.
Comandante Eugenio Silva y Alfonso.
Capitán Julio Aguado y Andreu.
Capitán José Marín Varona.
Capitán Magín Marrero y Rodríguez.
Capitán Juan Cruz Bustillo.
Capitán Antonio Taved y Marcano.
Capitán Gabriel de Cárdenas y Alfonso.
Capitán Luis Ojeda y Jiménez.
Capitán Fernando Drigas y Acosta.
Capitán Francisco Fernández y Martínez.
Capitán Julio Morales Broderman.
Capitán Pedro García Vega.
Capitán Angel Pérez González.
Capitán Alfredo Liza y Tardiff.
Capitán Arturo Alfonso y Alvarez.
Capitán Armando Guerrero y Brufau.
Capitán Andrés R. Campiña y González.
Capitán Conrado García Espinosa.
Capitán Ernesto N. Tabio y Espinosa.
Capitán Domingo Socorro y Méndez.
Capitán Héctor de Quesada y Cuhuat.
Capitán José de Cárdenas y Armenteros.
Capitán Abelardo J. Marrera y Estrada.
Capitán Fernando Capmany y C. Alvarez.
Capitán David Whitmarsch y García.
Capitán Manuel Almeida y Hernández.
Capitán Manuel Morales Broderman.
Capitán Félix Guerra y Rodríguez.
Capitán Ciro Leonard y Fernández.
Capitán José E. Bonich de la Puente.
Capitán Manuel M. Gómez y Revero.
Capitán Francisco Chomat y de la Cantera.

Capitán Pablo Moliner y García.
Capitán Federico Tabio y Espinosa.
Capitán Alfonso González del Real y de la Vega.
Primer Teniente Lorenzo Hernández y Estrada.
Primer Teniente Emilio D. Morán y Chapotin.
Primer Teniente Luis Hernández Savio.
Primer Teniente Alfredo Sardiñas y Zamora.
Primer Teniente Enrique A. Prieto y Romañach.
Primer Teniente Ignacio Algarra y Mendivil.
Primer Teniente Evans Grifft y Domínguez.
Primer Teniente Leopoldo Alonso y Gramage.
Primer Teniente Aniceto Sosa y Cabrera.
Primer Teniente Cayetano Quintero y Bango.
Primer Teniente Guillermo Santamaría y Vila.
Primer Teniente Enrique Pereda y Sardiñas.
Primer Teniente Rafael Carrera y Ferrer.
Primer Teniente Erasmo Delgado y Alvarez.
Primer Teniente Emilio Rouseau y Mendevid.
Primer Teniente Emilio Cancio Bello y Arango.
Primer Teniente Manuel Baster y Fonts.
Primer Teniente Manuel Aguila y Díaz.
Primer Teniente Manuel Ruibal y Miramonte.
Primer Teniente Manuel Rodríguez y Sigler.
Primer Teniente Juan Cordabo y Escalona.
Primer Teniente José M. Bernabeu y Casanova.
Primer Teniente Domingo del Monte y Martínez.
Primer Teniente José M. Herrera y Roig.
Primer Teniente Gustavo González y Rauville.
Primer Teniente Ricardo Antón y García.
Primer Teniente Largio Cordero y Calvo.
Segundo Teniente Francisco Iznaga y Alejo.
Segundo Teniente Virgilio G. Villate y González.
Segundo Teniente Bolívar Vila y Blanco.
Segundo Teniente Alfredo Roig y Elcid.
Segundo Teniente Héctor Monteagudo y Fortún.

Segundo Teniente Alberto Espinosa y Ramos.
Segundo Teniente Ramón O'Farrill y de Miguel.
Segundo Teniente Enrique A. Varona y del Castillo.
Segundo Teniente Rafael Santamaría y Vila.
Segundo Teniente Arístides Hernández y Rodríguez.
Segundo Teniente Virgilio Acosta y Acosta.
Segundo Teniente Manuel Escribano y González.
Segundo Teniente José Trescerra y Pujada.
Segundo Teniente Joaquín Silveiro y Saena.
Segundo Teniente Joaquín A. de Oro y Vizcaino.
Capitán Augusto W. York y Brooks.
Comandante Antonio Luaces y Molina.
Primer Teniente Américo Lora y Yero.
Capitán José M. Iglesias Toro.
Primer Teniente Antonio Pineda y Rodríguez.
Segundo Teniente Crescencio Hernández Morejón
Capitán José González Valdés.
Primer Teniente Tomás Quintín Rodríguez.
Segundo Teniente Jesús Adalberto Jiménez.
Capitán José Perdomo Martínez.
Primer Teniente Olvido Ortega y Campos.
Segundo Teniente Jacinto Llaca y Argudín.
Segundo Tte Arístides Hernández Rodríguez.
Teniente Dentista Pablo Alonso Sotolongo.
Teniente Jefe Sanidad Antonio Rodríguez Valdés.
Primer Teniente Músico Pablo Cancio Quintero.
Teniente Farmacéutico Juan González Ramírez.
Coronel José Francisco Lamas.
Comandante Felipe Blanco.
Capitán Desiderio Petterson y Hermoso.
Capitán Armando Montes y Montes.
Primer Tte. Crescencio Cabrera y Hernández.
Coronel Emilio Avalos.
Capitán Raimundo Martín.
Teniente Ricardo Aguado y Abreus.

Teniente Arturo G. Quijano.
Teniente Abelardo García Fonseca.
Teniente Coronel Tomás Armstrong.
Teniente Lucio Quirós.
J. Peñalver y Rondón.
Capitán Martín Marrero y Rodríguez.
Capitán Pío Alonso y Riera.
Capitán Ernesto I. Usatorres Perdomo.
Capitán Luis A. Beltrán Moreno.
Capitán Lutgardo de la Torre Izquierdo.
Primer Teniente Eugenio Dubois y Castillo.
Primer Teniente Enrique Machado Nadal.
Primer Teniente Arsenio Ortiz Cabrera.
Primer Teniente Amado de Céspedes Figueredo.
Capitán Aniceto de Castro y Carabeo.
Primer Teniente Augusto Díaz Brito.
Primer Teniente Eduardo Clara y Padró.
Teniente Carlos Fuentes y Machado.
Teniente Luis Febles y Alfonso.
Primer Teniente Enrique Pereda y Sardiña.
Teniente Carlos Riquelme y Giquel.
Teniente Pedro J. Peñalver y Rondón.
Capitán Jorge Vila Blanco.
Primer Teniente Eduardo Miranda.
Primer Teniente Rafael Ramos.
Primer Teniente Federico de la Vega.
Primer Teniente Patricio de Cárdenas.
Primer Teniente Pablo Alonso.
Segundo Teniente Armando Fuentes.
Segundo Teniente José Salvata y Mesa.
Segundo Teniente César Celoria.
Segundo Teniente Francisco Espinosa.
Taquígrafo Wifredo Hiraldo.
Agregado Ismael Consuegra Guzmán.

Agregado Elisardo Maceo.
Agregado Francisco Aday.
Agregado Catalino Collazo.
Capitán José A. Bernal.
Segundo Teniente Arturo Varona.
Primer Teniente Alfredo Suárez.
Sr. Lorenzo Portillo.
Sr. Pedro Díaz Martínez.
Sr. Dr. Luis Octavio Diviñó.
Sr. Francisco de Paula Portuondo.
Sr. Ramón Pio Juria.
Sr. Ignacio Irure.
Sr. Francisco Montalvo.
Sr. José Agustín Ariosa.
Sr. Primitivo Portal.
Sr. Miguel Mariano Gómez.
Sr. Marco Aurelio Cervantes.
Sr. Jacinto Portela.
Sr. Miguel Carreras.
Sr. Rafael Martínez Ortiz.
Sr. Ezequiel García.
Sr. Antonio Berenguer.
Coronel Miguel Coyula.
Coronel Justo R. Campiña.
Coronel Carlos Guas.
Coronel Ricardo Sartorio Leal.
Coronel Juan R. Epetormo.
Coronel Gonzalo Pérez André.
Coronel Nicolás Guillén.
Coronel Leopoldo Figueras.
Coronel José Fernández de Castro.
Mayor General Santiago García Cañizares.
Capitán Generoso Campos Marquetti.
Coronel Casimiro Mayo.

General José B. Alemán.
Coronel Lino Dou.
Coronel Miguel Llaneras.
Coronel Manuel Lazo.
Coronel Antonio Gonzalo Pérez.
Capitán Oscar Soto Calderón.
Comandante Ramiro Cuesta.
Coronel Julián Betancourt.
General Jacinto Hernández.
Director General de Comunicaciones.
Telegrafista Antonio Santamarina.
Telegrafista José Betancourt.
Telegrafista Miguel Linares.
Telegrafista Ramón Linares.
Telegrafista Eliseo Garrido.

## Veteranos

General Emilio Núñez.
Coronel Manuel Aranda.
General Manuel Alfonso.
Capitán Ed. Estrada.

## Guardia Local de la Habana

Coronel Avelino Sanjenis.
Teniente Coronel Lucio Betancourt.
Teniente Coronel José Manuel Govin.
Capitán Alberto Ruiz.
Capitán Ernesto Suarmann.
Capitán José de Castro Targarona.
Capitán Augusto Renté.
Capitán Alejandro Lainé.
Capitán Alfredo Hornedo.

Capitán Víctor Candia.
Teniente Antonio G. Solar.
Teniente Ignacio Sicre.
Teniente Salvador Lecour.
Sr. José López Rodríguez.
Sr. Pedro Gómez Mena.
Sr. Inclán, García y Compañía.
Sr. José Perpiñán.
Sr. Regino Truffin.
Sr. Pedro Rodríguez de la Nuez.
Sr. Miguel Díaz.
Sres. West India Oil Company.
Sres. Sucesión Leopoldo Carvajal.
Sr. González de Mendoza.
Sr. N. Gelats y Compañía.
Sr. Hermanos Ajuria.
Sr. Rafael Montalvo.
Sr. Julio de Cárdenas.
Sr. Gral. Demetrio Castillo.
Sr. Gral. Mario Menocal.
Sr. Faustino Angones.
Sr. Rambla y Bouza.
Sr. Presidente del Banco Territorial.
Sr. Ramón López y Compañía.
Sr. Pedro Rodríguez, Banco Nacional.
Sr. Francisco Montalvo.
Sr. Acevedo y Mestre.
Sr. Valencia y Arrojo.
Sr. Fernando Sánchez Fuentes.
Mayor General José María Capote.
Mayor General Alejandro Rodríguez.
Mayor General Pedro Díaz.
Mayor General Pedro Betancourt.
Mayor General Francisco Carrillo.

Mayor General Lope Recio.
Mayor General Jesús Rabí.
General Enrique Collazo.
General Eusebio Hernández.
General Enrique Loinaz del Castillo.
General Salvador Cisneros Betancourt.
General Manuel Piedra.
General Gerardo Machado.
General Domingo Méndez Capote.
General Fernando Freyre.
General Alfredo Rego.
General Pedro Delgado.
General Agustín Cebreco.
General Alberto Nodarse.
General Eduardo Guzmán.
General Manuel Delgado.
General Carlos González Clavel.
Coronel Andrés Hernández.
Coronel Roberto Méndez Peñate.
Coronel Manuel Lores.
Coronel Aurelio Hevia.
Coronel Cosme de la Torriente.
Coronel Carlos Mendieta.
Coronel Baldomero Acosta.
Coronel Manuel Miares.
Coronel Francisco Martínez.
Coronel Octavio Giberga.
Comandante Alberto Barreras.
Capitán José Aranda.
Teniente Francisco Aranda.
Sr. Antonio Pardo Suárez.
Sr. Erasmo Regüeiferos.
Sr. Felipe González Sarraín.
Sr. Ambrosio Borges.

Sr. Francisco Baez Díaz.
Sr. Jefe Voluntarios de Cienfuegos.
Sr. Juan Lucas.
Sr. Antonio Clarens.
Sr. Antonio Cabarrocas.
Sr. Luis J. Walhlemberg.
Excmo. Obispo de la Habana.
Sr. Ramón González Mendoza.
Decano Cuerpo Diplomático.
Sr. Miguel González de Mendoza.
Sr. Manuel Sanguily.
Subdirector Hospital Número Uno.
Decano Cuerpo Consular.
Presidente Centro Telegráfico.
Presidente del Ateneo.
Dr. Manuel Secades.
Capitán Golderman, Instructor Ejército.
Capitán Parker, Instructor Ejército.
Capitán Gatley.
Dr. Benigno Sousa.
Teniente Coronel Juan de D. Romero.
General Lara Miret.
Presidente Senado.
Presidente Cámara.
Subsecretario de Estado.
Subsecretario de Justicia.
Subsecretario de Gobernación.
Secretario de Hacienda.
Subsecretario de Hacienda.
Secretario de Obras Públicas.
Secretario de Agricultura, Comercio y Trabajo.
Subsecretario de Agricultura, Comercio y Trabajo.
Secretario de Instrucción Pública.
Subsecretario de Instrucción Pública.

Secretario de Sanidad.
Secretario de la Presidencia.
Presidente del Tribunal Supremo.
Fiscal del Tribunal Supremo.
Gobernador Provincial.
Jefe de la Policía Nacional.
Jefe de la Marina Nacional.
Presidente de la Academia de Ciencias.
Presidente de la Sociedad Económica de Amigos del País.
Decano del Colegio de Abogados.
Presidente de la Cámara de Comercio.
Presidente de la Asociación de la Prensa.
Presidente del Banco Español de la Isla de Cuba.
Presidente de la Audiencia de la Habana.
Rector de la Universidad.
Presidente del Ayuntamiento.
Fiscal de la Audiencia de la Habana.
Presidente Consejo Provincial.
Director General Obras Públicas.
Director de Sanidad.
Director de Beneficencia.
Director del Instituto.
Director del Hospital Número Uno.
Primer Jefe del Cuerpo de Bomberos.
Director Casa Beneficencia.
Secretario General Cruz Roja–B. Sánchez Fuentes.
Director del Censo de Población Dr. Juan O'Farrill.

## Plana Mayor del Coronel Machado, que tanto se distinguió en Oriente

Sargento Mayor Alfonso Salcines.
Sargento Cuartelmaestre Enrique Borbent.
Sargento Pagador Francisco Escamez.

Sargento Abanderado Hermenegildo Chávez
Sargento Abanderado Víctor Chomat.
Cabo Francisco Alcántara
Cabo Fructuoso García.

No queremos terminar el epílogo de este libro sin enviar nuestra calurosa felicitación a los comandantes Moré y Maciá, que tanto han hecho y trabajado para que la fiesta resultara tan agradable.

# Catálogo Bokeh

Abreu, Juan (2017): *El pájaro*. Leiden: Bokeh.
Aguilera, Carlos A. (2016): *Asia Menor*. Leiden: Bokeh.
— (2017): *Teoría del alma china*. Leiden: Bokeh.
Aguilera, Carlos A. & Morejón Arnaiz, Idalia (eds.) (2017): *Escenas del yo flotante. Cuba: escrituras autobiográficas*. Leiden: Bokeh.
Alabau, Magali (2017): *Ir y venir. Poesía reunida 1986-2016*. Leiden: Bokeh.
— (2019): *Mordazas*. Leiden: Bokeh.
Alcides, Rafael (2016): *Nadie*. Leiden: Bokeh.
Andrade, Orlando (2015): *La diáspora (2984)*. Leiden: Bokeh.
Armand, Octavio (2016): *Concierto para delinquir*. Leiden: Bokeh.
— (2016): *Horizontes de juguete*. Leiden: Bokeh.
— (2016): *origami*. Leiden: Bokeh.
— (2019): *El lugar de la mancha*. Leiden: Bokeh.
— (2019): *Superficies*. Leiden: Bokeh.
Aroche, Rito Ramón (2016): *Límites de alcanía*. Leiden: Bokeh.
Blanco, María Elena (2016): *Botín. Antología personal 1986-2016*. Leiden: Bokeh.
Caballero, Atilio (2016): *Rosso lombardo*. Leiden: Bokeh.
— (2018): *Luz de gas*. Leiden: Bokeh.
Calderón, Damaris (2017): *Entresijo*. Leiden: Bokeh.
Castaños, Diana (2019): *Yo sé por qué bala la oveja mansa*. Leiden: Bokeh.
— (2019): *The Price of Being Young*. Leiden: Bokeh.
Columbié, Ena (2019): *Piedra*. Leiden: Bokeh.
Conte, Rafael & Capmany, José M. (2019): *Guerra de razas. Negros contra blancos en Cuba*. Leiden: Bokeh, colección Mal de archivo.
Díaz de Villegas, Néstor (2015): *Buscar la lengua. Poesía reunida 1975-2015*. Leiden: Bokeh.

— (2015): *Cubano, demasiado cubano. Escritos de transvaloración cultural*. Leiden: Bokeh.
— (2017): *Sabbat Gigante. Libro primero: Hojas de Rábano*. Leiden: Bokeh.
— (2018): *Sabbat Gigante. Libro segundo: Saigón*. Leiden: Bokeh.
Díaz Mantilla, Daniel (2016): *El salvaje placer de explorar*. Leiden: Bokeh.
Espinosa, Lizette (2019): *Humo*. Leiden: Bokeh.
Fernández Fe, Gerardo (2015): *La falacia*. Leiden: Bokeh.
— (2015): *Notas al total*. Leiden: Bokeh.
Fernández Larrea, Abel (2015): *Buenos días, Sarajevo*. Leiden: Bokeh.
— (2015): *El fin de la inocencia*. Leiden: Bokeh.
Ferrer, Jorge (2016): *Minimal Bildung. Veintinueve escenas para una novela sobre la inercia y el olvido*. Leiden: Bokeh.
Gala, Marcial (2017): *Un extraño pájaro de ala azul*. Leiden: Bokeh
Galindo, Moisés (2019). *Catarsis*. Leiden: Bokeh.
Garbatzky, Irina (2016): *Casa en el agua*. Leiden: Bokeh.
García, Gelsys (2016): *La Revolución y sus perros*. Leiden: Bokeh.
García, Gelsys (ed.) (2017): *Anuncia Freud a María. Cartografía bíblica del teatro cubano*. Leiden: Bokeh.
García Obregón, Omar (2018): *Fronteras: ¿el azar infinito?* Leiden: Bokeh.
Garrandés, Alberto (2015): *Las nubes en el agua*. Leiden: Bokeh.
Gómez Castellano, Irene (2015): *Natación*. Leiden: Bokeh.
González Nohra, Fernando (2019): *Con sumo placer*. Leiden: Bokeh.
Guerra, Germán (2017); *Nadie ante el espejo*. Leiden: Bokeh.
Gutiérrez Coto, Amauri (2017): *A las puertas de Esmirna*. Leiden: Bokeh.
Harding Davis, Richard (2019): *Notes of a War Correspondent*. Leiden: Bokeh, colección Mal de archivo.
Hernández Busto, Ernesto (2016): *La sombra en el espejo. Versiones japonesas*. Leiden: Bokeh.
— (2016): *Muda*. Leiden: Bokeh.

— (2017): *Inventario de saldos. Ensayos cubanos.* Leiden: Bokeh.
HONDAL, Ramón (2019): *Scratch.* Leiden: Bokeh.
HURTADO, Orestes (2016): *El placer y el sereno.* Leiden: Bokeh.
JESÚS, Pedro de (2017): *La vida apenas.* Leiden: Bokeh.
KOZER, José (2015): *Bajo este cien.* Leiden: Bokeh.
— (2015): *Principio de realidad.* Leiden: Bokeh.
LAGE, Jorge Enrique (2015): *Vultureffect.* Leiden: Bokeh.
LAMAR SCHWEYER, Alberto (2018): *Ensayos sobre poética y política. Edición y prólogo de Gerardo Muñoz.* Leiden: Bokeh, colección Mal de archivo.
LUKIĆ, Neva (2018): *Endless Endings.* Leiden: Bokeh.
MARQUÉS DE ARMAS, Pedro (2015): *Óbitos.* Leiden: Bokeh.
MIRANDA, Michael H. (2017): *Asilo en Brazos Valley.* Leiden: Bokeh.
MORALES, Osdany (2015): *El pasado es un pueblo solitario.* Leiden: Bokeh.
MOREJÓN ARNAIZ, Idalia (2019): *Una artista del hombre.* Leiden: Bokeh.
MÉNDEZ ALPÍZAR, L. Santiago (2016): *Punto negro.* Leiden: Bokeh.
PADILLA, Damián (2016): *Phana.* Leiden: Bokeh.
PEREIRA, Manuel (2015): *Insolación.* Leiden: Bokeh.
PONTE, Antonio José (2017): *Cuentos de todas partes del Imperio.* Leiden: Bokeh.
— (2018): *Contrabando de sombras.* Leiden: Bokeh.
PORTELA, Ena Lucía (2016): *El pájaro: pincel y tinta china.* Leiden: Bokeh.
— (2016): *La sombra del caminante.* Leiden: Bokeh.
PÉREZ CINO, Waldo (2015): *Aledaños de partida.* Leiden: Bokeh.
— (2015): *El amolador.* Leiden: Bokeh.
— (2015): *La isla y la tribu.* Leiden: Bokeh.
— (2019): *Apuntes sobre Weyler.* Leiden: Bokeh.
QUINTERO HERENCIA, Juan Carlos (2016): *El cuerpo del milagro.* Leiden: Bokeh.
RODRÍGUEZ, Reina María (2016): *El piano.* Leiden: Bokeh.
— (2018): *Poemas de navidad.* Leiden: Bokeh.

Rodríguez Iglesias, Legna (2015): *Hilo + Hilo*. Leiden: Bokeh.
— (2015): *Las analfabetas*. Leiden: Bokeh.
Saunders, Rogelio (2016): *Crónica del decimotercero*. Leiden: Bokeh.
Starke, Úrsula (2016): *Prótesis. Escrituras 2007-2015*. Leiden: Bokeh.
Sánchez Mejías, Rolando (2016): *Mecánica celeste. Cálculo de lindes 1986-2015*. Leiden: Bokeh.
Timmer, Nanne (2018): *Logopedia*. Leiden: Bokeh.
Valdés Zamora, Armando (2017): *La siesta de los dioses*. Leiden: Bokeh.
Vega Serova, Anna Lidia (2018): *Anima fatua*. Leiden: Bokeh.
Villaverde, Fernando (2016): *La irresistible caída del muro de Berlín*. Leiden: Bokeh.
— (2016): *Los labios pintados de Diderot*. Leiden: Bokeh.
Williams, Ramón (2019): *A dónde*. Leiden: Bokeh.
Winter, Enrique (2016): *Lengua de señas*. Leiden: Bokeh.
Wittner, Laura (2016): *Jueves, noche. Antología personal 1996-2016*. Leiden: Bokeh.
Zequeira, Rafael (2017): *El winchester de Durero*. Leiden: Bokeh.

www.ingramcontent.com/pod-product-compliance
Lightning Source LLC
Chambersburg PA
CBHW021200100426
42735CB00046B/760

All collective nouns for people are sorted alphabetically.

(1)

**A** 4 – 17
**B** 18 – 21
**C** 22 – 42
**D** 43 – 51
**E** 52 – 58
**F** 59 – 64
**G** 65 – 68
**H** 69 – 71
**I** 72
**J** 73 – 75
**K** 76
**L** 77 – 82
**M** 83 – 91

**N** 92 – 96
**O** 97 – 100
**P** 101 – 117
**Q**
**R** 118 – 126
**S** 127 – 142
**T** 143 – 155
**V** 156 – 157
**W** 158 – 163
**X**
**Y**
**Z**

## What is a collective noun?

A collective noun is a word that represents a group of individuals or items as a single entity. It emphasizes the unity and cohesiveness of the group rather than its individual members.

Collective nouns are used to denote various collections, encompassing people, animals, or objects. In grammatical usage, they typically take singular verbs even when referring to multiple elements within the group.